*Influencers, activistas
y los derechos de las mujeres*

positions may appear conservative when compared to our twenty-first-century understanding of feminism in the Anglosphere and even to first-wave feminist initiatives in other western European nations. Within the parameters of first-wave feminism—meaning early feminist activity between the 1850s and the 1960s, when middle-class women in North America and western Europe began to organize in order to exert influence on public life and achieve personal autonomy (LeGates 197)—Spanish feminist thought has been classified as slower to progress.[6] This is because Spain was a unique microcosm, isolated both geographically and culturally from the radical changes occurring in other Western nations. This moderate seclusion contributed to a more conservative culture with regards to the women's movement—or the "problema feminista" (Mangini 93), as it was known in Spain. The Pyrenees mountains separate the Iberian Peninsula from the rest of Europe, meaning Spain (and Portugal) occupy peripheral spaces. Culturally, the enormous influence of Catholicism over Spanish society, and especially over Spanish women, meant that Catholic institutions and dogma presented obstacles to feminist reforms in Spain (Scanlon 5–7; Ugarte 62). In addition, Mary Nash classifies first-wave Spanish feminism as predominantly social in orientation, and first-wave Spanish feminists privileged social issues like access to education, divorce, and equal pay above political rights like suffrage and government involvement (20). In fact, many Spanish women—including Burgos very early in her career—were opposed to women's suffrage, fearing that the poor education and religiosity of women would lead them to simply duplicate the votes of patriarchal powers such as their husbands, fathers, or priests (Bender 133). Similarly, not all women supported divorce reform, because they feared that men would be the benefactors of a modernized law, gaining the right to abandon a woman, leave her without income or protection, and even take her children, as Spanish law already gave preference to the father in the custody of children.

Divorce, Separation, and the Spanish Legal Codes

In reading *El divorcio en España*, we must recognize that the word *divorcio*—which did indeed appear in Spain's Civil Code of 1889—did not mean "divorce" in the same way that we use the word today. Louis explains that *divorcio* in the civil code referred only to the legal separation of spouses and did not allow for the full dissolution of a marriage (22). The legal separation freed women from "conjugal demands" on their bodies, disentangled finances so that women could retain monies they may have brought into the marriage, and established legal custody for any children between the marriage partners (Bieder 30). The grounds for legal separation, however, were limited, focusing on the adultery of the wife (or the husband, if it caused a public scandal), serious injuries or violence inflicted on one partner by another, attempts by the husband to prostitute his wife or corrupt his children, and the condemnation of a partner to a life sentence (Sponsler 1616–17). Given that a legal separation did not actually dissolve the marriage, neither party could remarry while their separated spouse was still alive (Bermúdez and Johnson 177). Moreover, the legal codes left no room for spousal separation in cases where the woman was unhappy, no longer loved her husband, or desired simply to change her lifestyle of her own volition. And if children were born of the marriage, the father had priority in terms of custody since women had inferior status in the era's civil codes, akin to that of minors (Bieder 30). Given the restrictive definition of and justifications for *divorcio* in the legal codes, Burgos's survey was meant to open debate on divorce with the goal of reforming the laws

Scanlon, Geraldine M. *La polémica feminista en la España contemporánea, 1898–1974.* Translated by Rafael Mazarrasa, Akal, 1986.

Sponsler, Lucy A. "The Status of Married Women under the Legal System of Spain." *Louisiana Law Review,* vol. 42, no. 5, 1982, pp. 1599–628, digitalcommons.law.lsu.edu/cgi/viewcontent.cgi?article=4684&context=lalrev.

Starcevic, Elizabeth. *Carmen de Burgos, defensora de la mujer.* Librería-Editorial Cajal, 1976.

Ugarte, Michael. "Carmen de Burgos ('Colombine'): Feminist *avant la Lettre.*" *Spanish Women Writers and the Essay: Gender, Politics and the Self,* edited by Kathleen Mary Glenn and Mercedes Mazquiarán de Rodríguez, U of Missouri P, 1998, pp. 55–74.

Selected Works by Carmen de Burgos

Novels

Los inadaptados (1909)
La rampa (1917)
El último contrabandista (1918)
La malcasada (1923)
Quiero vivir mi vida (1931)

Novelettes

"El veneno del arte" (1910)
"Villa María" (1916)
"Los míseros" (1916)
"El perseguidor" (1917)
"¡Todos menos ese!" (1918)
"Luna de miel" (1921)
"El artículo 438" (1921)
"Los huesos del abuelo" (1922)
"La princesa rusa" (1923)[1]
"El silencio del hijo" (1925)
"Puñal de claveles" (1931)

---

1. A translation by Slava Faybysh titled "The Russian Princess" appears in *Virginia's Sisters*, edited by Gabi Reigh, 2023.

Essays, Manuals, Travelogues, and Biographies

Ensayos literarios (1900)

Por Europa (1906)

En la guerra (1909)

Las artes de la mujer (1911)

Impresiones de Argentina (1914)

Mis viajes por Europa (1917)

¿Quiere usted comer bien? Manual práctico de cocina (1917)

La cocina moderna (ca. 1918)

Fígaro (1919)

El arte de ser mujer (ca. 1920)

La mujer moderna y sus derechos (1927)[2]

---

2. A translation by Gabriela Pozzi and Keith Watts, *On Modern Women and Their Rights*, was published in 2018.

Note on the Text

The text and the translation are taken from Carmen de Burgos ("Colombine"), *El divorcio en España*, published in Madrid by M. Romero in 1904. The text is unchanged from the original, except that *ó* and *á* have been modernized to *o* and *a*. Abbreviations and nonstandard ways of denoting dates have been left unchanged. English-speaking readers may be unfamiliar with Spanish valedictions common in 1904 and their abbreviated versions, such as these:

> *besa sus pies*
> *de usted muy seguro servidor q. b. s. p.* (*"que besa sus pies,"* abbreviated)
> *de usted atento s. s. q. b. s. p.* (*"seguro servidor que besa sus pies,"* abbreviated)
> *de usted respetuosamente servidor y amigo q. b. s. p.*
> *su amigo y admirador q. l. b. l. p.* (*"que le besa los pies,"* a variation on *"que besa sus pies"*)
> *de usted muy afectísimo y respetuoso compañero que besa sus pies*
> *de usted humilde compañero y lector*
> *siempre suyo afectísimo amigo*
> *En este soliloquio encontrará usted siempre, siempre, siempre a su rendido servidor y apasionado* [name]
> *Rogando a usted me ponga a los pies de la muy distinguida escritora Doña Carmen de Burgos Seguí, se le ofrece muy afectísimo admirador, que besa los suyos*

This custom of foot and hand kissing originated in Persia during the Achaemenid Empire and was brought to Europe by Alexander the Great. During the Roman Empire, it became common to kiss the emperor's feet and the hem of his purple robe as a sign of loyalty and respect. Pope John I was the first pope to have his feet kissed, but the custom was made official Catholic tradition by Pope Constantine I in 709 CE. While this tradition predates Christianity, the justification for it was the story of a woman sinner who kissed the feet of Jesus (Luke 7.36–50). The practice was done away with in the 1950s by Pope John XXIII, although hand kissing as a sign of veneration still persisted. In 2019, Pope Francis created controversy within the Catholic Church by appearing to evade having his ring kissed. Little by little, it appears that the Church is moving away from this tradition.

The custom of referring to oneself as a servant or slave when closing a letter is common in many Romance languages. The Italian word *ciao* comes from *schiavo*, or "slave." "Thank you" in Portuguese is *obrigado* or *obrigada*, meaning "obliged" (as in a servant or indebted person). "Much obliged" is probably the closest thing English has to this formula. Nowadays, it is common throughout the Spanish-speaking world to end an informal letter simply with *un beso* or *besos*. But although *besos* may seem much less servile than the Spanish closings listed above, those older closings would not have sounded servile to an early-twentieth-century Spaniard.

For the convenience of readers, background information on the letters is provided in numbered footnotes. Burgos's three footnotes from the original edition of *El divorcio en España* are marked with asterisks.

SF

El divorcio en España

AL LECTOR

Es costumbre vieja entre nosotros explicar al lector, curioso o indiferente, el origen y objeto de la obra que se pone en sus manos, aunque no siempre le digamos la verdad. Alguien que sueña con la gloria declara que imprime sus libros por mera expansión del espíritu, y cual otro que busca la ganancia se muestra desdeñoso de la utilidad. Este libro ha nacido casualmente, como suceden la mayoría de las cosas que luego se tienen por intencionadas.

Buscando originales para mi Crónica cuotidiana del *Diario Universal*, tropecé con una carta firmada por un notable escritor y estimado amigo, D. Vicente Casanova, que me instaba a dar la noticia de formarse un «Club de matrimonios mal avenidos».

No dando importancia a la complacencia, la noticia apareció en el periódico, mereciendo fijar la atención de una señora que, con las iniciales de C. V. de P., envió la bien escrita carta que me apresuré a publicar, dando origen a las otras que siguieron.

«La idea del divorcio ha caído, entre las señoras mujeres, como gota de agua en tierra sedienta», decía poco más o menos mi compañero Durante en la hermosa

3

crónica que se publicó sobre este asunto al principio del plebiscito; pero no entre las mujeres, en la nación entera encontró un eco simpático la enunciación de esta idea. El divorcio es una de las muchas cuestiones sociales que necesitan ser discutidas sin miedo al «anathema sit».[1]

Los lectores y lectoras del periódico enviaron sus opiniones con tal abundancia, que los apremios de original y la falta de espacio me obligaron a no dar cuenta de todas, como fuera mi deseo.

Quise conocer la opinión de hombres eminentes; y los escritores, los adalides del progreso, acudieron a mi llamamiento de un modo que les debo verdadera gratitud.

Menos afortunada fui al tratar de conocer la opinión de los políticos.

Sus ideas suelen variar a menudo, y la cuestión del divorcio amenaza pasar de las columnas del periódico al Parlamento. Sin duda temieron comprometerse, y muy pocos han manifestado su pensamiento.

Con completa imparcialidad insertamos cuanto se nos ha dicho en favor y en contra del divorcio, y hasta las disculpas que prueban pedimos su parecer a los hombres de todas las ideas y de todos los partidos.

El deseo de perpetuar en el libro los primeros pasos para el planteamiento de esta mejora social, nos impulsa a recopilar en un volumen todo lo dicho en el plebiscito

---

1. Latin for "Let him be anathema." A formal Church pronouncement said when the Church formally rejects a doctrine or holders of a doctrine: that is, in an excommunication.

y que no se pierda con la rapidez vertiginosa de la hoja periodística, lo que puede ser una semilla de progreso lanzada al viento, pero que en su día germinará.

Hasta ahora el libro reflejó un alma, un pensamiento; este es un ensayo del libro «Colectivo o social», muy adecuado al espíritu de nuestro tiempo; abonen por la insignificancia de quien lo intenta, las firmas que lo abrillantan.[2]

COLOMBINE.

---

2. While it is unclear what book Burgos is referring to, her statement is about universal consciousness, a widely used concept at the time that was a precursor to Carl Jung's term *collective unconscious*. The idea was that each letter in the book was a separate, even contradictory entity, but as a whole the letters represented Spanish society as one universal consciousness.

LECTURAS PARA LA MUJER (MISCELÁNEA)

«Me aseguran que muy en breve se fundará en Madrid un «Club de Matrimonios mal avenidos», con objeto de exponer sus quejas y estudiar el problema en todos sus aspectos, redactando las bases de una ley de divorcio que se proponen presentar en las Cámaras.»

Noticia inserta en el *Diario Universal*,
el día 20 de Diciembre de 1903
y que dio origen al plebiscito.

Señora Colombine:

¿Que si debe o no plantearse el divorcio en España? No, y mil veces no; ni en España, ni en ninguna parte; y en España menos que en ninguna parte. En los tiempos en que yo hacía versos, D. Teodoro Guerrero me pidió unas cuartillas para su famoso y donosísimo *Pleito del matrimonio*, y entonces le envié, entre otras, las siguientes quintillas, en las que se halla condensada mi opinión, y que, no por referirse a las segundas nupcias, dejan de ser aplicables al divorcio:

Además, ¿con qué derecho,
quien eterno amor juró,
juzga ese lazo deshecho
y profana el santo lecho
que su mujer consagró?
Nunca la muerte matar
puede al amor; y a su gloria
debe el hombre siempre alzar
dentro del pecho un altar
do venerar su memoria.

Así pensaba yo en 1884 y así sigo pensando; y si hasta las segundas nupcias me parecían mal, ¿cómo ha de parecerme bien el divorcio?

¡Que hay muchos matrimonios en los que el amor no entra para nada! Ya lo sé; pero para esos admitiría yo el divorcio menos que para los demás, en castigo de su torpeza, de su egoísmo y de su ignorancia.

No tengo tiempo ni espacio para extenderme en largas disquisiciones, ni creo que se me pida más que una impresión personal sobre cuestión tan debatida en el libro, en la revista, en el periódico, en la novela, en el teatro y en los Parlamentos.

Soy enemigo declarado del divorcio, lo mismo que examine la cuestión moralmente que sociológicamente, por su aspecto estético que por su alcance social. Y en España, sobre todo, con nuestra idiosincrasia impresionista y nuestro temperamento meridional, creo firmemente que el establecimiento del divorcio sería un mal gravísimo de incalculable trascendencia.

Si a muchos les va mal con el matrimonio... ¡que sé aguanten! Siempre servirán de lección provechosa y viva a los que pretenden casarse, y su ejemplo, bien estudiado, permitirá sacar luminosas deducciones y reglas de conducta a quienes tomen en serio la meritoria obra de constituir una nueva familia.

Por mucho que sea el daño que produzca la indisolubilidad del vínculo matrimonial, nunca sería tanto como el que resultaría del establecimiento del divorcio. Créame la distinguida escritora que se digna preguntarme mi opinión: dejemos las cosas como están, porque… ¡peor es meneallo!

FERNANDO ARAUJO.[3]

Señora Colombine:

Muy señora mía y de toda mi consideración: Mucho gusto tendría en corresponder a su invitación escribiendo algo sobre el divorcio; pero por lo delicada que es la cuestión, y además nueva para nuestro público, reclama ser tratada con una detención que no consienten, por ahora, las innumerables ocupaciones que me tienen abrumado de trabajo.

Sintiendo muy de veras no poder complacerla, aprovecho con gusto esta ocasión para ofrecerme de usted muy seguro servidor q. b. s. p.,

GUMERSINDO DE AZCÁRATE.[4]

---

3. Fernando Ricardo Araujo y Gómez was a journalist and professor of French. He was an adherent of Krausism, an idealist philosophy that valued justice and progressive issues like education reform and that was quite popular in Spain during the late nineteenth century. Krausism heavily influenced Burgos's education and progressive thinking.

4. Gumersindo de Azcárate was a jurist and Krausist politician.

Señora Colombine:

Mi distinguida señora: Muy amablemente me pregunta usted la opinión que tengo acerca del divorcio.

Soy partidario acérrimo de que se implante esa reforma social.

¿Es que creo que el número de adulterios en España es tan grande que se hace necesaria la implantación del divorcio?

No, no lo creo así. Es más, si se pudiera hacer una estadística de los adulterios en España, estoy seguro de que su número, en comparación del de los demás países de Europa, sería insignificante.

¿Qué indicaría esto? ¿Moralidad? No. Falta de vida, falta de pasión.

España es —digan lo que quieran— el pueblo más frío y menos apasionado de Europa. Hay la leyenda, es cierto, de que los españoles somos terribles, y las españolas ardorosas y de corazón volcánico; ¡qué más quisiéramos nosotros!

Somos, y aunque sea triste hay que confesarlo, un pueblo enclenque y débil, cruel y sin pasiones fuertes. La sangre del semita fastuoso, inteligente y frío, late en las venas de casi todos los españoles. Como la del moro, la vida de relación del español es escasa, y para la mujer y en nuestras capitales de provincia es nula.

En España, los hombres y las mujeres viven como si pertenecieran a distinta especie; hablan a través de un tupido velo de consideraciones y de fórmulas.

Los hombres aseguran que no se puede hablar con las mujeres porque su conversación es conversación de tienda de telas únicamente; pero he oído a algunas señoritas decir que no se puede hablar con los hombres por lo estúpidos que son.

No sé quién estará en lo cierto; el hecho es que esta carencia de relaciones entre los de uno y otro sexo, unida a la falta de apasionamiento, hace que haya pocos fogosos entusiasmos entre hombres y mujeres, sean casados o solteros. Consecuencia de esto: hay pocos adulterios, y consecuencia de que hay pocos adulterios, el divorcio no tiene gran utilidad práctica.

Hay además otra cosa. Si el divorcio se estableciera en España para casos de adulterio, sucedería con él lo que ha sucedido con el matrimonio civil, que quedaría arruinado como una institución sin vida, como un instrumento sin utilidad, como un microscopio en manos de un salvaje.

Si yo creo que el divorcio no tendría resultado práctico, ¿por qué soy partidario de él?

Soy partidario de él porque todo lo que sirva para resquebrajar esta costra de leyes, de preceptos, de costumbres, de dogmas intangibles e inmutables que no nos dejan vivir, me parece bueno.

Soy partidario de él porque creo que hay que afirmar que todo es revocable, que nada es definitivo, que todo puede transformarse y mejorar.

Contra esa idea evolutiva está el sentimiento católico de lo inmutable, de lo doctrinario y dogmático que entre los españoles se da lo mismo en los que se llaman avanzados que en los que se consideran reaccionarios, lo mismo en Salmerón que en Nocedal, en Unamuno como en el padre Coloma.

Estamos sujetos, a tanta ley, a tanto precepto, a tanta orden; estamos ya tan anquilosados por las férulas del Código, de la moral, de la sociedad, del bien parecer, que aunque no sea más que un respiro, una ligadura de menos, ya es algo.

Actualmente el planteamiento de la cuestión del divorcio puede producir un bien. La discusión y el escándalo...

A la enunciación solamente del problema, de los rincones de todas las sacristías españolas, de todas las Congregaciones místicas y mundanas, de los palcos de los teatros, de los escenarios, hasta de los lupanares, vendrían protestas.

Escandalizar es algo. Cuando la moral es absurda, el escándalo puede ser una forma de la buena moral. Y no sigo más por no hacer interminable mi carta.

Es de usted atento s. s. q. b. s. p.,

PÍO BAROJA.[5]

El matrimonio, no entendiéndose, es un constante martirio, que con el divorcio puede evitarse; pero esa medida, siempre extrema, sólo es aplicable a los que no tienen hijos, los cuales no deben apercibirse de la desunión que existe

---

5. Pío Baroja y Nessi was one of the most important Spanish writers of the Generation of '98. As a young person, Baroja sympathized with anarchism and anticlericalism, but he grew more conservative later in life. He is best known as a novelist and for his 1911 masterpiece *El árbol de la ciencia*.

entre sus padres, pues si como marido y mujer no se quieren, pueden quedar convertidos en buenos y correctos amigos y ponerse de acuerdo para la buena dirección de sus hijos.

La madre con estos, si cumple con su deber, no tendrá tiempo de aburrirse, y el hombre, entre negocios y diversiones, regresará a su hogar cansado, y con las caricias de los pequeñuelos volverá seguramente a él con agrado.

LA VIZCONDESA DE BARRANTES.

Señora Colombine:

Soy partidario decidido del divorcio, por lo mismo que creo en el amor y no en el matrimonio.

La bendición del sacerdote, el acta del juez, las conveniencias sociales, son invenciones humanas de las que se ríe el amor, eterno y caprichoso soberano del mundo imaginado por todas las mitologías, como un dios voluble y tornadizo.

Cuando el amor se aleja para siempre, ¿a qué empeñarse en mantener la ligadura del matrimonio entre dos seres que se odian o se desprecian, como los presos que amarrados por la misma cadena han de satisfacer en común las más groseras necesidades?

Sin el amor no debe subsistir la asociación del hombre y la mujer, por más bendiciones que la santifiquen y leyes que la protejan.

Los seres sanos y fuertes, cuando no se aman, deben decirse adiós, sin pena y sin rencor, emprendiendo distintos caminos para rehacer de nuevo su vida.

VICENTE BLASCO IBÁÑEZ.[6]

El divorcio de las monjas

Hace pocos días publicamos en este periódico un telegrama de Roma dando cuenta de la importante reforma que Su Santidad Pío X se propone llevar a cabo en las Órdenes religiosas.

En adelante —dice— no se influirá en el ánimo de las novicias; sólo tomarán el hábito las que tengan una vocación bien probada, y *los votos no serán perpetuos, pudiendo romper la clausura cuando se arrepientan.*

La noticia ha sido recibida con indescriptible júbilo por las religiosas, y demuestra el espíritu cultivado y la alteza de ideas del actual sucesor de San Pedro.

No todas las religiosas van al claustro con una vocación verdadera, como no todas las jóvenes van al matrimonio por amor.

A veces una exaltación del sentimiento místico, el atractivo de esa vida tranquila y misteriosa, los desenga-

---

6. Vicente Blasco Ibáñez was a leftist journalist, republican politician, and important novelist of the Generation of '98. A number of his books were adapted to silent films in Hollywood.

ños, las penas, la inexperiencia y hasta el egoísmo, son factores que llevan vírgenes a los conventos.

Pero los años pasan, muchas de aquellas niñas se convierten en mujeres, la impresión que obró sobre su ánimo desaparece y el arrepentimiento viene. ¿Por qué condenar a una criatura a que sufra siempre las consecuencias de un momento de imprevisión?

Las religiosas llaman a Jesús su *Divino Esposo* y se consideran como las *desposadas del Señor*; el día que pronuncian sus votos se coronan de azahares y visten el traje nupcial, jurando fidelidad al consorte glorioso.

Puede suceder, sucede, que un amor terreno llegue a apoderarse de aquellos inocentes corazones y que sus labios murmuren otro nombre entre la oración que elevan a Cristo.

Entonces aquellas conciencias, entenebrecidas por el claustro, aquellas voluntades debilitadas por los ayunos, las exageraciones y a veces por la superstición, se creen culpables, *se acusan de amar*; consideran como un delito lo que es una ley natural y la ley más hermosa de la vida.

¿Por qué obligarlas a un martirio eterno, por qué hacerles considerar su amor como un adulterio y empequeñecer la idea de Dios, dándole por esposa una mujer débil y por rival a un simple mortal?

Estas razones tan lógicas no han querido atenderse, pareciendo que todo lo concerniente a religión debe permanecer inmutable.

De este error nacen tantos crímenes y delitos como registran los anales de los conventos, en contra de la religión misma.

Hoy el jefe supremo de la Iglesia es un sacerdote culto, tanto más condescendiente con todas las debilidades humanas, cuanto más severo y virtuoso; comprende las deficiencias de algunas instituciones mantenidas al través de las reglas, y que chocan ya contra la organización de una sociedad superior.

Si el noble anciano realiza su obra, las religiosas podrán ir al monasterio y arrodillarse ante el altar mientras su corazón sea puro; si el arrepentimiento llega, las puertas de su convento no son las puertas de una cárcel, y pueden volver al mundo, casarse, ser madres y adorar a la divinidad cumpliendo todos los fines de la existencia.

Esto puede llamarse *el divorcio de las monjas*, puesto que es el fin del lazo espiritual, que se ha considerado como un matrimonio místico y ha tenido igual fuerza que el matrimonio real para su indisolubilidad.

Pero si se permite el divorcio con *el esposo perfecto*, ¿qué razón hay para no permitirlo a las esposas de los simples mortales? ¿La suerte de los hijos? Cuestión es esta que quedaría resuelta con leyes que garantizaran su situación.

Sería irreverencia pretender penetrar el pensamiento del Santo Padre en esta cuestión, más sociológica que religiosa; pero estoy casi segura de que el que abre las puertas de la clausura en nombre de la moral, no permitiría, en nombre de esa moral misma, los tormentos, los engaños y el mal ejemplo que introduce en los hogares el empeñarse en que vivan unidos los seres que empiezan por no amarse y acaban por aborrecerse.

CARMEN DE BURGOS.

Señora Colombine:

Mi distinguida amiga: Con algún retraso, bien a mi pesar, contesto a sus corteses y renovadas invitaciones para que yo diga lo que pienso del divorcio. Voy a ser breve.

La Iglesia, con un criterio bárbaro y medioeval, sólo consiente en el divorcio cuando en uno de los cónyuges se ha probado la *ex capite impotentia*[7] de que habla el padre Sánchez en su obra *De Matrimonio*.

Ninguna razón de orden moral es bastante a legitimar la ruptura del vínculo.

La Iglesia, cómplice en ese respecto de la naturaleza a la cual sólo le importa la perpetuidad de los seres, no se cuida de nuestra dicha. Con que no violemos los mandatos canónicos la basta. Ahora bien; como por encima de los inexorables egoísmos de la naturaleza y de las ortodoxias de la Iglesia está nuestra paz, la ley debe ser hospitalaria con los hombres y las mujeres desgraciados que pretendan separarse. Mantener un vínculo que se rompería sin aquellas trabas es criminal.

---

7. Latin for "arising from impotence."

Muchas desventuras nuestras se deben a que continúan repercutiendo en nuestra sensibilidad las disonancias de carácter de nuestros padres. El divorcio es sano y moral. Debe implantarse aquí siquiera para que ciertos hombres no se envanezcan demasiado con sus ignominias.

De usted respetuosamente servidor y amigo q. b. s. p.,

MANUEL BUENO.[8]

Señora Colombine:

Muy distinguida señora mía: En efecto, no he tenido el honor de recibir antes del día 20 carta alguna de usted, cuyos trabajos leo con tanta atención como merecen. El problema que usted plantea es de la mayor trascendencia y requiere detenido estudio. Procuraré enviar a usted antes de la fecha que me indica algunas cuartillas, y en todo caso lo hará más adelante su atento s. s. q. s. p. b.,

JOSÉ CANALEJAS.

8. Manuel Bueno Bengoechea was a journalist, theater critic, and novelist who is sometimes included in the Generation of '98. At the end of the nineteenth century, he became active in the Socialist Association of Bilbao and the General Union of Workers, a trade union associated with the Spanish Socialist Workers' Party. By the 1920s, however, he came to support the dictatorship of Miguel Primo de Rivera. He died at the hands of the Republican Army at the onset of the Spanish Civil War in 1936.

Señora Colombine:

Señora y compañera muy distinguida: Por ir yo poco a la redacción de *Nuevo Mundo* y por haber estado fuera de Madrid, no he recibido hasta ayer su bondadosa consulta acerca del establecimiento del divorcio en España. Ha transcurrido con exceso el plazo impuesto a las contestaciones; pero no quiero yo omitir la mía, muy breve, que si no servirá para la publicidad por llegar tarde, deseo que llegue siempre a tiempo de acreditarle mis respetos y consideración.

La cuestión para mí es sencillísima. ¿Existe entre nosotros, en las realidades penosas de la vida, el divorcio? Indudablemente; no hay quien no conozca abundantísimos ejemplares de matrimonios rotos por el desamor, consiguiente a la desilusión o al desengaño. Pues si las leyes han de responder a las necesidades de la vida, a las realidades de la sociedad, ¿cómo no ha de ser indispensable en España el establecimiento del divorcio?

Percibo clarísimamente los inconvenientes gravísimos de esa reforma. Nuestro carácter de imprevisores e inconscientes; nuestro enorme atraso intelectual y moral; nuestra situación de general miseria —y omito enlazar unas cosas con otras y todas con el problema en que estamos, confiando en que por sí lo hace lectora tan perspicua como usted,— harían que a los pocos años de establecido el divorcio, la mitad de las españolas que salieron de la soltería y no llegaron a la viudez, serían divorciadas con todos los inconvenientes de ese estado en sociedad como la nuestra tan desacostumbrada a respetar a la mujer, y sin las ventajas de una manumisión y de una independencia que el ambiente social haría ilusorias, cuando no fundamento de una nueva y más oprobiosa esclavitud. Ahí tiene usted el anverso y el reverso de mi pensamiento. Todo un libro escribiría yo muy a gusto —claro es que olvidándome del de los lectores,— para razonar lo uno y lo otro, y para sacar de lo uno y de lo otro una afirmación definitiva que bien podría sintetizarse en esto: venga el divorcio a las leyes, puesto que en la realidad está; pero con todas aquellas precauciones que impone el temor de que la gente que ahora se casa tan irreflexivamente, se descase también con igual irreflexión, y venga, sobre todo, en bloque con todas aquellas leyes y singularmente con toda aquella acción social educadora que, abordando de frente y tales como son el problema pedagógico español y el problema económico español, pongan en caminos de solución el arduo y aflictivo problema de la mujer española, más hermosa que ninguna en el mundo, y más infeliz que ninguna en los pueblos acogidos a la actual civilización occidental.

Y al saber ahora quién es en el *Diario Universal* «Colombine», la felicito cordialísimamente por lo que honra un pseudónimo que ha pocos años hacía glorioso en *L'Echo de París* un cronista admirable, Enrique Fouquier.

A sus pies y a su devoción,

SALVADOR CANALS.[9]

---

9. Salvador Canals y Vilaró was born in Puerto Rico and moved to Spain at the age of eighteen, where he first worked as a journalist. In 1902 he was appointed press secretary by the conservative Antonio Maura, and in 1903 he was elected to the Spanish Parliament as a Conservative deputy.

El divorcio

No he podido seguir paso a paso la especie de información iniciada en un colega madrileño por una distinguida escritora que oculta su nombre bajo el pseudónimo de *Colombine*. No he podido y lo siento. Sin duda allí se habrán expuesto sobre el temeroso problema muchas cosas buenas y muchas cosas nuevas y aun algunas acaso que sean a la vez lo uno y lo otro. Reducido a las aisladas inspiraciones de mi intelecto, mucho me temo que lo que yo diga sobre el particular merezca la aplicación de aquella célebre frase de un cáustico crítico de arte: ni lo nuevo es bueno ni lo bueno nuevo.[10]

Lo primero que hay que hacer antes de abordar la cuestión es descartar el prejuicio religioso. Sin esa precaución no habrá manera de entenderse. Desde el momento en que se asegura que el matrimonio es un sacramento, ya no hay forma de comprender qué cosa el matrimonio sea. ¿A qué discutir con los que no discuten? Dejémosles repitiendo eternamente su eterno aforismo: *quos Deus conjunvit homini non separent*.[11]

---

10. Calderón is referring to an exchange between Christoph Friedrich Nicolai and Gotthold Ephraim Lessing in which Nicolai challenged Lessing: "You must admit that Voltaire has lately said many new and good things." "Certainly," Lessing responded, "but the new things are not good, and the good things are not new." Lessing, *Nathan the Wise: A Dramatic Poem*, translated by Ellen Frothingham, Henry Holt, 1892, p. xv.

11. "What God has joined together, let no man separate"; Matt. 19.6.

Y hecho esto, al querer abordar el problema, nos encontramos, llenos de asombro, con que el tal problema no existe. Porque, en suma, ¿qué es el matrimonio? ¿Un contrato? ¿Una solemnidad religiosa consagrada por la bendición del sacerdote? ¿Un acto civil sancionado por la intervención de la autoridad competente? Esas son formas, ritualismos. Matrimonio es, según los jurisconsultos romanos, la unión del hombre y la mujer en total comunidad de existencia. Matrimonio es, según los modernos, aquella unión del varón con la hembra, de tal y tan absoluta intimidad, que forma entre ellos una como personalidad común.

Mientras el matrimonio así entendido subsiste, dicho se está que no hay divorcio. Tan luego como el matrimonio así entendido deja de ser, el divorcio es, digan el sacerdote y el juez y el legislador y la sociedad lo que gusten, necesario. A semejante perogrullada queda reducida la cosa. Es un problema el del divorcio que se desvanece al tocarle.

¿Medidas para hacer efectivas las responsabilidades que del frustrado matrimonio como acto jurídico emanan? ¿Restricciones encaminadas a impedir que el matrimonio se disuelva con la misma censurable ligereza con que suele celebrarse? ¿Precauciones que estorben el que el divorcio convierta al matrimonio en instrumento del libertinaje? ¿Garantías legales para el derecho de la mujer y para el presente y el porvenir de los hijos? Enhorabuena. Pero todo eso es harina de otro costal. Son problemas que del divorcio derivan; no son el problema del divorcio. Acerca de éste tengo por definitiva la observación de mi querido amigo Álvaro de Albornoz. El divorcio es un hecho. Consulte cada cual su experiencia y diga si no ha conocido y conoce matrimonios aparentes que nada tienen de tales, hogares fríos, uniones mancilladas, consortes amarrados al yugo, cuya existencia es un infierno.

Ante esa realidad dolorosa, ¿qué toca hacer a la sociedad y al Estado? ¿Desconocerla? ¿Negarla? ¿Reemplazarla por sus convencionalismos consuetudinarios o jurídicos? ¿Proclamar la existencia de lo no existente y la efectividad de un fantasma? ¿Convertir la vida entera en expiación de la equivocación de un día? ¿Declarar al error irremediable e irredimible al extravío? ¿Transformar la santa unión matrimonial en cadena de forzado? ¿Cerrar para siempre ante el que erró las vías de la rehabilitación y los caminos de la dicha? ¿Trocar lo que es ensueño de ventura en instrumento de suplicio y dar al infierno nombre de paraíso? ¿Para defender los fueros de la mujer condenarla a infelicidad de por vida? ¿Para velar por el interés de los hijos, obligarles a ser testigos de las querellas de sus padres? ¿Invertir las relaciones entre el derecho y la vida, sometiendo la realidad a la ficción y sustituyendo a la verdad las apariencias?

El azar determina un día el encuentro de dos personas de sexo diferente, nacidas y criadas en medios distintos, desemejantes en ideas, sentimientos, costumbres, creencias, gustos, manías. Si la sola pasión les atrae, ¡cuántos riesgos de error, de desilusión, de desengaño, de hastío! Si es el cálculo, ¡cuán mezquino y ciego el que sólo atiende a consideraciones de sórdido interés! El noviazgo es una comedia en que cada una de las partes representa su papel.

Entre estas gentes latinas, que dan con sus desconfianzas la medida de sus virtudes, las relaciones de los sexos son, más que de franqueza y expansión, de recelo y hostilidad. Los novios se unen sin conocerse. Toda luna de miel es una exploración, un viaje de descubrimientos. La Iglesia, tan enemiga de la ruptura del lazo conyugal, no exige para anudarle sino el consentimiento. El Estado, tan solícito por el derecho y el interés de los hijos, no se cuida de saber si los esposos son capaces de engendrar una prole sana y robusta. Donde debiera intervenir el médico interviene el cura. Así se consuma de ordinario, con la más aturdida ligereza, el acto más trascendental de la vida. ¡Y Estado e Iglesia pretenden que el vínculo contraído de tal suerte sea indisoluble y vitalicio!

Milita en favor del establecimiento del divorcio una consideración de puro sentido común. La ley que autoriza el divorcio a nadie obliga a divorciarse. En esto consiste la excelencia de las llamadas, con más o menos propiedad, leyes permisivas. Tanto cuanto el legislador ha de ser parco en dictar disposiciones que llevan aneja la coacción, otro tanto debe mostrarse expansivo y liberal tratándose de aquellas otras que sólo se aplican a instancia de las partes interesadas. ¿Que la ley del divorcio no se emplea? ¿Que pasan siglos, como en la antigua Roma, sin que se interponga una demanda de este género? Tanto mejor. Quede ahí la ley no aplicada en previsión de que pueda serlo un día. A los que no quieren divorciarse, maldito si la ley les estorba. Un solo caso, uno solo en que el divorcio sea racional, legítimo y redentor, basta para justificar la existencia y demostrar la utilidad de tal ley. ¿Y habrá quien ose negar la posibilidad de que se dé en la vida un caso semejante?

Dos prejuicios opuestos concurren a estorbar la recta percepción de éste como de tantos otros problemas sociales. El ultrarradicalismo candoroso propende a considerar las instituciones actuales como obras engendradas de artificio y con siniestros fines por los privilegiados que de ellas se aprovechan. Así no es raro hallar hombres de sencilla mentalidad que, preconizando, v. gr., el amor libre, se admiran de que eso, que tan natural les parece, no haya sido jamás sancionado por Estado alguno. El conservadurismo a ultranza no acierta a comprender otras instituciones sino aquellas que miran sus ojos, y haciendo de la realidad efímera actual ley eterna de vida tiembla por el porvenir de las sociedades humanas tan luego como amaga la transformación del orden de cosas presente. Suele éste además tomar por verdad positiva la moneda falsa de las convenciones oficiales. Continencia fuera del matrimonio, monogamia, unión indisoluble; muy bonito si no existieran la seducción, el adulterio y, sobre todo, la prostitución, baldón y oprobio de la sociedad y de la especie. Por encima de la *verdad legal*, tales extravíos constituyen en buena parte la efectividad de las relaciones actuales entre los dos sexos.

Importa rectificar ambos errores. Hay que proclamar contra el uno que la presente constitución de la familia, no sólo ha sido, y es aún en parte, la mejor, o si se quiere la menos mala, sino la única posible dentro de las condiciones

25

orgánicas, climáticas, étnicas, históricas, sociales, económicas, en que se ha engendrado. Hay que demostrar contra el otro que esa organización del grupo familiar, lejos de ser inmutable, ha evolucionado incesantemente en el curso de los tiempos, y que toda modificación en las condiciones de la vida ha de repercutir forzosamente en el modo de ser de la familia, quiéranlo o no los fabricantes de leyes. La emancipación intelectual, social y económica de la mujer, que persigue el feminismo, permite ya vislumbrar en lo porvenir una transformación profunda en las recíprocas relaciones de uno y otro sexo.

ALFREDO CALDERÓN.[12]
(De *La Publicidad*, de Barcelona.)

Hablemos del divorcio

Anda estos días rodando por los periódicos madrileños, como una pelota, la *Cuestión del divorcio*, que, desde el *Diario Universal*, ha lanzado al aire de la actualidad *Colombine*, pseudónimo tras del cual se oculta una muy ilustrada, amena e infatigable periodista.

Muchos escritores de ambos sexos han dado su empujón al asunto con más o menos violencia y acertada dirección, pudiendo colegirse de la suma de opiniones publicadas que los partidarios del divorcio van a salir vencedores.

12. Alfredo Calderón y Arana was a republican journalist and writer, as well as an adherent of Krausism.

Para mí tienen ganada la partida desde que el mundo es mundo: desde que hay en él hombres y mujeres.

Desde entonces quedó implantado el amor como principio fundamental de la humanidad, merced al cual se unieron los seres de distinto sexo y se engendraron las razas; como quedaron implantados todos los principios por que la Naturaleza se rige y que sólo podrán desaparecer con ella.

Inútiles serían cuantos esfuerzos hicieran las civilizaciones por reformarlos, y no digamos nada por destruirlos; el más poderoso magnate, así movilice todos sus ejércitos de mar y tierra y ponga en conmoción a todas las cancillerías, no podrá conseguir que el sol se detenga un momento sobre sus Estados.

Dicen que Josué consiguió tal merced el tiempo necesario para terminar una batalla; es posible; entonces el sol estaba muy desocupado, porque gran parte de la tierra se hallaba deshabitada; no tenía el gran pedido de calor y de luz que ahora tiene, y podía permitirse el lujo de dar a sus abonados una propina.

Pero hoy le sería imposible; sus dinamos resultan insuficientes para alumbrarnos todo el tiempo que requieren nuestras tareas, habiendo dado lugar a que se funden las fábricas de electricidad, que en vano tratan de hacerle la competencia.

Y eso que el sol no gasta contadores.

La *ley de la gravedad* no figura en nuestra Constitución, con ser una de las más graves, ni sé yo que haya ningún proyecto sobre ella presentado a las Cortes; y, sin embargo, ya puede sacar Maura todos los tercios de la Guardia civil a las calles y enarenarlas Sánchez Guerra,[13] cuyo nombre está reclamando el paseo de Areneros, que así den más cargas de caballería que de justicia pesan sobre el contribuyente, no logrará impedir la caída de las piedras lanzadas al aire. Pues una cosa tan imposible, si no más, es impedir que se unan los seres que se quieren.

Todo lo más que puede hacer Maura, como ya lo ha hecho muchas veces, es quitar importancia a las piedras, diciendo que eran pocas, menudas y que las arrojaban chiquillos; que es, precisamente, lo que la sociedad hace con las uniones que no se ajustan a lo que sobre el particular tiene legislado: quitarlas importancia, negándolas todo derecho.

Pero las uniones de los seres que se quieren se siguen y se seguirán verificando con o sin permiso de la sociedad, como las piedras siguen y seguirán cayendo, por la ley de la gravedad, con o sin permiso de Maura.

Apelo al testimonio de los padres a quienes les han sacado de casa hijas depositadas o se les han casado por sorpresa o se las han robado, sencillamente, como *Don Juan* robó a la niña del Comendador imbécil.[14] Digo, que este imbécil corresponde en el drama a la madre abadesa.

---

13. Antonio Maura Montaner was a Liberal delegate in Parliament who switched to the Conservative Party in 1903. Between 1902 and 1903 he carried out a series of police reforms. In December 1903 (around the time of this letter), Maura became prime minister, and José Sánchez Guerra y Martínez became minister of the interior.

14. Referring to the 1844 play *Don Juan Tenorio*, written by José Zorrilla, which portrays Don Juan as a depraved womanizer. The Comendador, a

Cuando dos amantes se proponen unirse, no hay más remedio que matarles o dejarlos.

La mayoría de los padres optan por lo segundo, después de haber agotado todo el repertorio de castigos, amenazas de desheredamiento y maldición inclusive. El enlace de príncipes y villanos y de villanos y princesas, es un cuento de niños con el que la realidad solaza de vez en cuando a los hombres.

La frase *Que los entierren juntos* está compuesta, como los títulos de todas las secciones habituales, en las imprentas de los periódicos.

—Naturalmente; como que el amor es un principio fundamental de la Naturaleza, lo mismo que el calor y la luz —exclamarán los que no estén por el divorcio.

Pues *cogite, cogite,* que decían los antiguos dómines cuando pescaban a sus discípulos en una renuncia.

Si admiten ustedes que los seres se unen por una ley natural, como caen las piedras, como alumbra el sol y como calienta, no tienen ustedes más remedio que admitir que se desunen, como hay noches y como hace frío.

Porque el divorcio es al matrimonio, ayuntamiento, o como quiera llamársele, lo que la noche al día, lo que el invierno a la canícula, lo que la cédula de Nozaleda[15] al sueldo que el presupuesto le acredita.

---

respected member of the elite classes, sends his daughter to a convent to protect her, only for Don Juan to outsmart the mother superior and seduce the Comendador's daughter anyway.

15. In the so-called *caso Nozaleda,* which was in the news roughly at the same time as this plebiscite, the conservative minister Antonio Maura

Admitir el amor como inevitable y no admitir también el divorcio como inevitable, es lo mismo que admitir el día y negar las noches, que admitir el Ecuador y negar el Polo, que cobrar la congrua y no pagar la cédula.[16]

Ahora y siempre, cuando un hombre y una mujer no pueden resistirse o se conceden permiso tácito para hacer cada uno su voluntad (divorcio de sainete[17]), o se le conceden expreso por medio de la separación amistosa (divorcio de comedia), o él le suelta a ella un tiro, o ella le da a él una tisana envenenada (divorcio de drama).

Véase nuestro teatro, espejo de nuestra vida.

Quedamos, pues, en que los seres se han unido y desunido a voluntad antes de inventarse la ley del divorcio, como los días y las noches se sucedían antes de inventarse los calendarios y los relojes, como el calor y el frío existían antes de darse a luz los termómetros.

Medrada andaría la madre Naturaleza si tuviese que someter sus leyes a la sanción de los hombres: sería bonito que aquí no lloviese hasta que apareciera un decreto autorizando la lluvia en la *Gaceta*.

Creo, pues, que la cuestión legal del divorcio es una cuestión de puro aparato; nosotros no lo tenemos todavía,

---

named Bernardino Nozaleda the archbishop of Valencia. The liberal newspapers of the day opposed this appointment. They claimed that Nozaleda was anti-Spanish because he had been archbishop of Manila. Among other things, they said he no longer had Spanish citizenship (hence no Spanish identity card).

16. The *congrua portio* is a cleric's yearly income.

17. A humorous one-act play.

porque a España todo llega con un siglo de retraso, como llegaron los relojes y los termómetros.

Y creo que, como cuestión de puro aparato, no interesa más que a una mínima parte de la sociedad, a los que se permiten el lujo de tener fortuna; los que no tienen que hacer particiones, maldito si necesitan mecanismo alguno legal para separarse.

—¿Y los hijos? —me preguntarán.

¡Ay! Cuando los padres no se quieran, los hijos, con o sin divorcio, quedarán, en sus respectivas clases, de la peor manera posible.

¡Por muy bien que queden!

EL SASTRE DEL CAMPILLO.[18]
(De *El Liberal*.)

Señora Colombine:

Mi distinguida amiga: Acabo de leer un libro admirable. Ese libro se titula: *Vida de la reverenda madre du Rousier, fundadora de las religiosas del Sagrado Corazón en Chile.* Al terminar la lectura de ese bello libro, me paro a meditar en la vida de estas monjas, en la vida resignada y apacible de estas monjas que renuncian al amor humano, para entregarse a la contemplación religiosa, a las místicas exaltaciones... ¿Y no he pensado también en esas

---

18. Pseudonym for Antonio Martínez Viérgol, a playwright, poet, and journalist.

dos monjitas, en esas dos hermanas que han querido
—recientemente— acortar las distancias que las separa-
ban de su Dueño amado?

Luego pienso yo en que he de decir a usted mi sentimiento acerca del divorcio, de esa cuestión que es hoy en
todos los países una preocupación obsesionante, a cuyo
calor las más bellas flores de arte florecieron, desde *Ana
Karenine* hasta *Cuando resucitemos de entre los muertos*, y el
Dédalo y *El Adversario*; y en cierto modo esas otras obras
de arte puro y exquisito, en que hay una víctima del
amor, una bella víctima inmolada en el altar del amor, y
que se titulan: *La Ciudad Muerta* y *Aglavaine y Seliseta*, y el
poema supremo del supremo poeta dramático español,
Sacrificios.[19]

Y ahí va mi insignificante opinión:

Para mí no hay nada más sagrado que el amor. ¡Cuántos misterios esa palabra amor encierra! En amor, como
en química, todo es cuestión de afinidades electivas. Esto
quiere decir que no hay derecho a exigir que el amor sea
perdurable. Durará mientras no se interponga un tercer
elemento capaz de formar una combinación más estable
con uno de los otros dos; en este caso no cabe protesta, y el
elemento que queda aislado puede irse a buscar otro elemento libre o divorciado con quien formar una apacible
asociación y con quien discurrir acerca de la volubilidad

---

19. Referring, respectively, to works by Leo Tolstoy, Henrik Ibsen, Paul
Hervieu (*The Labyrinth*), Alfred Capus and Emmanuel Arène (*The Adver-
sary*), Gabriele D'Annunzio, Maurice Maeterlink, and Jacinto Benavente y
Martínez.

de las mundanas vanidades y acerca del dominio absoluto de la Naturaleza, que impone sus leyes de modo tan fatal. ¿No es esta precisamente la tesis de una novela del Júpiter de Weimar?[20] ¿Y no quiere decir todo esto que a mí me parece justo y natural cuanto sea atracción amorosa y cuanto sea lucha instintiva y lucha sentimental? El divorcio es una lógica consecuencia de las leyes que rigen la vida del universo, y yo, que soy un «pequeño» moralista aficionado a la biología, he creído ver justificada en las pequeñas vidas de los seres inferiores, y aun en las vidas y en los *sentimientos* —como diría el autor de *Matière brute et Matière vivante*[21]— de los átomos, todas esas cuestiones que hoy nos preocupan tan hondamente.

Es cierto que las luchas sentimentales producen en nosotros hórridos trastornos; pero, ¿conocemos los trastornos, los dolores, los íntimos sufrimientos de un átomo al combinarse con otro, o al separarse de otro con el que ha convivido largo tiempo?

He aquí, mi distinguida amiga, lo que nosotros, los pequeños biólogos, apellidamos con el dulce nombre de *epifenómenos*.

Soy, pues, admirada Colombine, un partidario del divorcio y un modesto enemigo de la hipocresía jesuítica; y cuenta que he leído —yo lo leo todo— cuidadosamente gran cantidad de manualetes y devocionarios de esos que

---

20. *The Sorrows of Young Werther* (1774), by Johann Wolfgang von Goethe.

21. *La matière brute et la matière vivant: Étude sur l'origine de la vie et de la mort* (*Raw Matter and Living Matter: A Study on the Origin of Life and Death*), published in 1887 by Joseph Delboeuf.

parecen escritos para hacer de los grandes amores y de los grandes sentimientos religiosos amores contrahechos y sentimientos ridículos.

Su amigo y admirador q. l. b. l. p.,

BERNARDO G. DE CANDAMO.[22]

Acepto por convicción
el matrimonio diario
o el divorcio voluntario
(mediante esta condición):
el vástago hembra o varón
de tal consorcio nacido,
en dos pedazos, partido
con igualdad ha de ser:
uno para la mujer
y el otro para el marido.

LEOPOLDO CANO.[23]

---

22. Bernardo G. de Candamo was a journalist, writer, and literature and theater critic belonging to the Generation of '98. He was active in the scientific, literary, and artistic gatherings in the renowned Ateneo of Madrid, and during the Spanish Civil War he saved its library from destruction. After the war, he was blacklisted by the Franco regime but continued writing under a pseudonym.

23. Leopoldo Cano was a realist writer, playwright, and military officer. In 1910, he became a member of the Royal Spanish Academy.

Ni la circunstancia de ser casado, ni la de ser felicísimo en mi matrimonio, ni otras circunstancias, han de privarme, señora Colombine, de contestar a su galante invitación acerca del planteamiento del divorcio en España, porque en esto, como en varias cosas, tengo hecha opinión.

No discutamos si la Iglesia y los Santos Padres han dicho o no han dicho del matrimonio; no discutamos si éste es un sacramento, un contrato o una institución; veamos si es o no conveniente, ya que en la vida no podemos, ni debemos, apartarnos de la conveniencia.

Vivir bien sin hacer daño a nadie, es una doctrina muy santa y muy humanitaria.

¿Todos los matrimonios viven bien? No. Esos matrimonios que viven mal, ¿no es justo que hallen remedio a ese mal suyo? ¡Indudable!

Porque son conocidos los casos siguientes:

Un hombre y una mujer jóvenes no fueron felices casados, pero hallaron la felicidad: él, con otra mujer; ella, con otro hombre. Viven felices, pero *ilegalmente*. ¿No es mejor que vivan felices y en la legalidad, dado nuestro modo aún de ver las cosas?

Pero es el caso que el hombre tiene hijos con su amada, la mujer con su amado, y resulta que, mientras los hijos del hombre no pueden usar el apellido de su padre, los de la mujer y su amado llevan, tienen que llevar, el apellido del marido, o, de lo contrario, no tienen madre... oficial. Esto es monstruoso, ¿no es cierto? Pues el divorcio acabaría con esas monstruosidades.

El otro caso, antítesis del anterior, lo conoce todo el mundo. La hija de D. Carlos de Borbón (*el Pretendiente*), Doña Elvira, enamorada del pintor Folchi, se fugó con él, que era casado. Para evitar *mayores males*, León XIII disolvió el matrimonio del pintor, o *dispensó* —como se dice en el Vaticano— que Folchi se casara con Doña Elvira. ¿Y la viuda del vivo? se preguntará. Esta puede casarse también con quien le plazca.

Lo que se hace con la familia de D. Carlos, ¿por qué no ha de hacerse con los demás mortales? Y si Roma no quiere, ¿por qué no ha de quererlo el Poder civil?

No se me arguya que en este asunto puede haber una víctima, él o ella, porque víctimas son los padres a quienes *por fuerza* arrebatan a sus hijos para llevarlos a la guerra, y a las esposas sus maridos, y nadie ha pensado en suprimir las guerras por no hacer *víctimas de separación*.

Ya ve usted, señora Colombine, lo que pienso acerca del divorcio. Usted verá si mi opinión, humildísima, por ser mía, le sirve para el fin que se propone. Besa sus pies,

VICENTE CASANOVA.[24]

Amiga Colombine:

Soy partidario del divorcio, y creo que las mujeres deberían serlo más que yo. La indisolubilidad del matrimonio

24. Vicente Casanova y Marzol was a cardinal who became archbishop of Granada in 1921.

las perjudica más que a nosotros. El hombre, al casarse, pierde poco de su libertad. La pierde por entero la mujer. Mientras no tenga más derechos ni menos deberes, el lazo matrimonial la esclaviza.

Ahora bien; cuando posea más derechos, ¿tendrá menos preocupaciones? Más claro: cuando sea más *ciudadana*, ¿será menos fanática? Porque, aparte lirismos, mientras no vea el matrimonio legal más que en el canónico, mientras piense que para casarse hay que ir al templo y no a la Alcaldía o al Juzgado municipal, hablarla del divorcio es perder el tiempo.

La mujer, insisto, debería ser la más ardiente defensora de esa reforma, porque la legislación vigente la desampara en el terreno civil y en el canónico. Una de las causas legítimas del divorcio, según nuestro Código, es «el adulterio de la mujer *en todo caso*, y el del marido cuando resulte escándalo público o menosprecio». Así, como suena. Para la mujer en todo caso; sin excepciones. Para el hombre en ninguno, salvo el de escándalo público o menosprecio. Como si pudiese existir adulterio del hombre sin menosprecio evidente para su legítima mujer.

Más razonable el derecho canónico, considera que es causa de divorcio el adulterio del marido en todo caso. Las nebulosidades vienen después al reconocer como motivo de nulidad de matrimonio «la falta de consentimiento de los contrayentes», y agregando que «el consentimiento es nulo cuando se presta por *error*, violencia, intimidación o dolo».

La ley se refiere al error de persona. Esa es su letra, pero su espíritu debe referirse a otros errores muy frecuentes; a otros errores que la realidad ofrece, y que la ley que se haga deberá recoger, no sólo en su espíritu, sino también en su letra, como los ha recogido en los países donde el divorcio existe.

Al defender Alfredo Naquet en la Cámara francesa su proyecto de ley, afirmaba que lo que la mujer por su apatía característica ignorase, lo aprendería en cuanto advirtiese que se daban al hombre derechos nuevos de los que también ella podía disfrutar. Es verdad que Naquet contaba con la mujer francesa, de conciencia más amplia que la española.

Se ha dicho que Naquet se arrepintió más tarde de su obra. Ignoro la veracidad del informe. De todos modos, no pudo arrepentirse de otra cosa que de haber adelantado lo que cualquier gobernante habría hecho después. Su ley ha destruido muchos hogares en Francia. ¿Mal destruidos unos? ¿Bien destruidos otros? Pues el bien conseguido para estos compensa el mal causado en aquellos. Se habla de los que por el escándalo han trascendido en letras de molde al público. No se habla de los que por el silencio permanecen ignorados. Es sabido que veinte personas que murmuran levantan más ruido que mil que callan.

—¿Y los hijos de los divorciados? —se pregunta como suprema razón. Yo no he visto tratado este problema con más habilidad que en *Le berceau*, una hermosa comedia de Brieux, que no ha sido vertida al castellano, y no me lo explico, porque es mucho mejor que *L'Adversaire*, de Arène y Capus, que tan mal ha comprendido nuestro público (y tan medianamente se ha interpretado en la Comedia).

Los hijos, si no son un freno para la culpa, que es casi siempre causa del divorcio, pueden ser víctimas de la culpa misma, y en este caso tal vez sea mejor que vivan sin padre o sin madre, que con un padre o una madre cuya conducta les haga moralmente mucho daño.

En todo caso, pueden ser causa que evite las segundas nupcias (lo que se considera como verdadera perturbación de una familia) del padre o la madre a quien confíe la custodia la ley; pero si no lo son, no por eso puede atribuirse el mal al divorcio, puesto que viudos y viudas hay que se casan y dan padrastro o madrastra a sus hijos.

Los que sostienen que donde hay ley del divorcio triunfa la corrupción, olvidan, sin duda, que también hubo corruptores y disolutos y triunfó la liviandad, el adulterio y el crimen social en los tiempos históricos de intolerancia.

El divorcio es un signo de progreso. No estaremos preparados para la reforma; pero la culpa no es de la idea, es nuestra. Acaso la mujer sea la más refractaria; pero creo, como el autor de la ley francesa, que por instinto de conservación y por impulso de noble egoísmo, la mujer se apresurará a aprovechar el derecho que se conceda por igual a ella y al hombre.

No se diga que el divorcio sólo encuentra partidarios entre los que se divorciarían de buena gana. No; los que hallan en su hogar un cielo comprenden lo humano y hasta lo piadoso y bienhechor que es acabar con el infierno de los hogares ajenos.

ÁNGEL MARÍA CASTELL.[25]

Señora Colombine:

Mi distinguida y buena amiga: Quiere usted que le dé mi opinión sobre el divorcio, cuestión de palpitante actualidad, y poniendo en práctica la teoría que he oído sustentar a usted muchas veces en su amena y discretísima conversación de que no debe escribirse más que aquello que se siente, allá va mi opinión sobre tan debatido asunto, leal y sincera, tal cual la *siente* mi corazón.

No soy partidario del divorcio, porque considero que con la implantación de esta reforma no ha de conseguirse cortar en su raíz los males que se *pretenden*; o lo que es lo mismo: no ha de evitarse la existencia de matrimonios desgraciados, ni hemos de dejar de ver el cuadro triste y desconsolador que ofrecen muchos hogares cuando no reina entre los esposos esa cordialidad y buena armonía que nacen del mutuo afecto, de la tolerancia y del respeto, que en la sociedad conyugal constituyen la felicidad verdadera.

Creo, por el contrario, que esta medida daría un resultado contraproducente, pues si a sabiendas de lo que es el

---

25. Ángel María Castell was a Basque writer and journalist.

matrimonio y de lo que significa la unión santa de dos seres por medio de este lazo indisoluble, se realizan muchos por conveniencia, por imposición, por interés, por capricho y por otras causas que están muy lejos del noble fin que debe guiar tanto a la mujer como al hombre para tomar estado, evidente y seguro es que, quitándole a este acto con la indisolubilidad su mayor trascendencia e importancia, se realizarían con más frecuencia los matrimonios de esta clase, que como es lógico suponer, son los llamados a desavenirse más o menos tarde, por no existir entre ellos la identidad de sentimientos y aspiraciones que nacen del amor verdadero y que *garantizan la dicha dulce* y reposada de que vemos por fortuna tantos y tan edificantes ejemplos.

El divorcio, dándole a los cónyuges facilidades para desligarse del santo nudo cuando por cualquier causa se les haga enojoso o insoportable, convierte el matrimonio en una unión temporal, en un mero pacto o contrato en el cual pueden entrar los interesados sin ninguna clase de escrúpulos o miramientos, llevados por su pasión o su conveniencia, y de aquí nuestra opinión de que la apetecida reforma, caso de instituirse entre nosotros, agravaría el mal en vez de remediarlo, y no resolvería bajo ningún concepto el problema que tan hondamente afecta a la familia en particular y a la sociedad en general.

El apasionamiento con que hoy se pide el divorcio y el calor con que se discute, demuestra el crecido número de matrimonios desgraciados que existen: son las voces del egoísmo que se levantan poderosas pidiendo un remedio que, si bien por lo pronto había de poner término a la situación excepcional de muchos matrimonios, no reportaría los beneficios que se desean, como hemos creído demostrar.

El matrimonio, pues, en nuestra humilde opinión, debe ser, y seguirá siendo seguramente, indisoluble; aunque para evitar en parte, si no en absoluto, las graves discordias que afectan a la tranquilidad de las familias dentro del hogar, el matrimonio debe considerarse como el acto más trascendental de la vida y nunca como medio de especulación, de negocio, o como pueril satisfacción de la vanidad o del capricho.

Al hombre toca, principalmente, poner los medios para ello, toda vez que él tiene la facultad de elegir, pues la mujer ha de contentarse con el marido que le depare su suerte, y ya dijo un conocedor profundo de ella, que no tiene más *historia que casarse.* A pesar de esta gran desventaja, justo es decirlo en estricto rigor de justicia: la mujer, por regla general, va al matrimonio dispuesta a la abnegación, al sacrificio, en el caso probable muchas veces de no hallar en él la dicha a que aspira su alma incesantemente; y así, la vemos sufrir resignada el desvío y aun la deslealtad de su esposo, antes de lastimar el alma sensible de sus hijos con el triste espectáculo de una separación.

Por grande que sea, sin embargo, el abismo que separe dos almas dentro de un mismo hogar; por inmensa que sea la desdicha de dos seres que viven unidos hasta la muerte y se odian y se repudian de una manera profunda e implacable, la dicha que proporcionan los hijos y los encantos de que rodean la existencia, tienen poder suficiente para contrarrestar todos los sinsabores que trae consigo la desavenencia conyugal. El amor de los hijos en este caso viene a ser como dulce lenitivo que suaviza las asperezas de los más intensos pesares, como manantial purísimo que regena el espíritu, alejando de él las dudas, los odios y los temores; como alegre rayo de sol que, abriéndose paso entre las nubes, ilumina dulcemente el paisaje ensombrecido por pesadas nieblas.

Las tristes almas que no son capaces de sentir estas emociones y carecen de la abnegación necesaria para sacrificarse en aras del bienestar de sus hijos; esos pobres seres que, no obstante hallarse rodeados de tan inefables goces dentro del hogar, ven en el divorcio el único medio de librarse del yugo del matrimonio, deben en rigor de justicia vivir siempre dentro del círculo de hierro en que voluntariamente se encerraron, siquiera no sea más que como castigo a su impremeditación o ligereza, yendo al matrimonio impulsados por miras ajenas a las nobles y elevadas que deben guiar al hombre cuando busca en la amorosa compañera de su vida el complemento de su ser y el medio de realizar uno de los más altos fines para que fue creado.

Nada más, mi simpática amiga. Reciba usted con este motivo público testimonio del afecto y la admiración que por usted siente

MARÍA DEL PILAR CONTRERAS DE RODRÍGUEZ.[26]

---

26. María del Pilar Contreras y Alba de Rodríguez was a prolific writer, poet, composer, and journalist known for her conservative views.

Señora Colombine:

Perdone usted, compañera mía, que haya tardado tanto en contestar su atenta carta, pidiéndome opinión a propósito del divorcio.

Otros divorcios, el de D. Antonio Maura con España y el del arte dramático con los teatros en abono, han tenido la culpa.

Creo el divorcio tan necesario, mientras exista el matrimonio, como la quinina mientras existan las calenturas.

Claro que sería mejor suprimir las calenturas y el matrimonio; a ello se llegará.

Mientras se llega estoy, con los médicos, por la quinina, y con usted, por el divorcio.

De usted muy afectísimo y respetuoso compañero que besa sus pies,

JOAQUÍN DICENTA.[27]
Febrero, 5, 1904.

¿Que qué opino yo del *divorcio*? Pregunta algo difícil de contestar, sobre todo tratándose de una muchacha soltera

---

27. Joaquín Dicenta Benedicto was a writer, poet, playwright, and journalist. His play *Juan José*, which deals with socialist themes, was one of the most popular plays in Spain before the Civil War, performed yearly on May Day. He was also an avowed atheist and republican politician.

cuyas ideas sobre este punto no pueden tener la misma profundidad ni expresarse con la claridad de las que recibieron la bendición nupcial, y conocen a fondo la vida matrimonial, pudiendo, naturalmente, explayar sus ideas sobre este asunto del divorcio, que hoy día es tema preferente de conversación, no sólo en nuestro país, sino muy principalmente en el extranjero.

Hablar a una muchacha del divorcio, es algo así como arrancar el velo rosa de sus ilusiones, haciéndola entrever la posibilidad de tan grave solución; pero, en fin, puesto que de dar mi opinión se trata, y vivimos en época en la cual se oye hablar de divorcio con frecuencia para que a ninguna se nos oculte que llegue a existir, conforme me dicta mi conciencia y en brevísimas frases, paso a hacerlo.

Como católica convencida que soy, no puede parecerme bien el divorcio, que la Iglesia no admite ni admitirá nunca, pues sería la destrucción del Sacramento que instituyó nuestro Señor Jesucristo. Entiendo que el matrimonio no debe efectuarse a la ligera, y sí sólo después de maduro examen de que uno y otro congenian suficientemente, y sobre todo de que tienen *amor* (aunque la frase sea cursi hoy) para sobrellevar las penalidades de este mundo; pero una vez ligados marido y mujer mediante ese lazo que les impone Dios por manos del sacerdote, no admito que puedan separarse bajo el más fútil pretexto, como sucede en Francia, y que constituye, para mi modo de ver, el espectáculo más triste y el *adelanto* más deplorable de nuestro siglo...

Aquello que unió Dios, no lo pueden desunir los hombres; esto me dice la Iglesia... y a ello me atengo.

MARÍA DE ECHARRI.[28]
Barcelona, 1904.

Señora Colombine:

Mi respetable señora y amiga: Ausente de Madrid cerca de un mes, he recibido hoy su grata de 12 del corriente. Me apresuro a decírselo para que mi silencio no pueda traducirse por desatención.

En lo del divorcio estoy, como en todo, a las órdenes de usted, pero le anticipo que soy resuelto adversario de ese desenlace, digan lo que quieran Naquet y demás judíos.

¿Puede ser partidario del divorcio quien es enemigo del matrimonio? En éste reside el mal, y yo soy enemigo de todos los Sacramentos.

Pero soy de usted admirador y amigo, y l. b. l. p.,

NICOLÁS ESTÉVANEZ.[29]
23 Enero 1904.

---

28. María de Echarri y Martínez was a Catholic feminist activist and teacher. In 1912, she spearheaded a campaign to grant women a designated place to sit in their workplaces. In 1924, she became one of the first women elected to the Madrid City Council, and in 1927 she was one of only thirteen women represented in the National Assembly of the Primo de Rivera dictatorship.

29. Nicolás Estévanez Murphy was a military officer and republican politician. He participated in the successful Revolution of 1868 but was imprisoned a year later for joining the republican insurrection. Later he became

Las opiniones de los católicos en contra del divorcio se apoyan en el Evangelio, donde creen que hay una legislación del mismo Jesucristo sobre el matrimonio y la monogamia,[30] base de la doctrina de la Iglesia. Es falso.

La doctrina de la Iglesia católica sobre el matrimonio es incompleta, burda e inmoral. Dice que la saca del Evangelio; el Evangelio habla del matrimonio muy poco, del divorcio nada; de lo que habla es del matrimonio poligámico y del repudio[31]: textos cantan.

En el capítulo XIX de San Mateo se refiere que los fariseos preguntaron a Jesús si era lícito *al hombre* repudiar a la mujer. Jesús les contestó que Dios había criado al género humano, macho y hembra, que, ayuntados, serían dos en una carne, unidos, que hecha por Dios, el hombre no puede deshacer.

Los fariseos le objetan que Moisés permitió el repudio; Jesús contesta que lo hizo por la dureza del corazón del pueblo judío, pero que al principio (?) no fue así. Por lo tanto, «el que repudiare a *su mujer*, excepto si lo hace por fornicación, es adúltero si toma otra, y adúltero es el que se case con la repudiada». Este mismo pasaje, casi

minister of war during the first Spanish Republic. Among other things, he espoused anarchism, anticlericalism, atheism, and republicanism.

30. The Spanish term *monogamia* here refers to the practice of being with one person and no one else for the duration of one's life.

31. *Repudiar* refers to when a man rejects his wife through legal channels, so that the marriage is broken off. Unlike *divorciar* ("divorce"), *repudiar* is something that, by definition, only a man can do.

en iguales términos descrito, se lee en el capítulo X de San Marcos, y… no hay más sobre matrimonios terrestres en los Evangelios.

En el resto del Nuevo Testamento no hay mucho tampoco. San Pablo, en su carta primera a los corintios, capítulo VII (v. 11 y 12), dice: «Manda el Señor, no yo, que la mujer no se separe del marido, y si se separare, que se quede sin casar o haga paz con su marido: éste no deje a su mujer».

Si de todo esto puede rectamente deducirse algo es lo que sigue, o no hay sentido común en el mundo ni… en el Nuevo Testamento: primero, que para Jesús la mujer era una propiedad del hombre, pero forzosa, una vez adquirida; segundo, que siendo permitida la poligamia entre aquellos a quienes hablaba, no la reprueba, no establece la monogamia, lo que prohíbe es echar mujeres a la calle y que nadie tome las arrojadas; y tercero, que permite, no el divorcio, sino el repudio por delito carnal de la mujer, pues cuanto al hombre, hay que hinchar un poco el texto para incluirle en la misma prohibición.

La evasiva de que al principio, una época indeterminable, no hubo repudio, es simplemente una mentira: hubo repudio en los tiempos de los Patriarcas, y ahí está la historia de Abraham para desmentir a Jesús. Las componendas que han inventado los teólogos para conciliar estos dos términos contradictorios, no han hecho sino señalarlos todavía más claramente.

San Pablo ya nos da un indicio de divorcio: la mujer puede separarse, pero no contraer nuevos lazos; esto es todo.

Si hubiera querido la Iglesia conservar entre los cristianos la poligamia, en los Evangelios, honradamente interpretados, hallará el fundamento. No le convino, y se atuvo al lazo indisoluble de la monogamia; pero, enmendando a Cristo la plana, sin facultades para tal rectificación, restringió la permisión evangélica de repudiar al cónyuge infiel, y sobre el fundamento de la indisolubilidad forzosa en absoluto, edificó la doctrina hoy vigente.

Pero ¡qué doctrina! Para la Iglesia el matrimonio es a la vez que sacramento algo así como un mal necesario, una concesión hecha a regañadientes a la debilidad humana, un estado sucio, abyecto y despreciable, comparado con el celibato. Ha puesto la Iglesia al matrimonio ¡veinticuatro impedimentos! Lo ha gravado con impuestos onerosos y con tramitaciones desesperantes. Reconoce que es sacramento, es decir, cosa excelente por su santidad, pero inferior a la virginidad, que no es sacramento, ni de ella dijo Cristo una palabra, y además incompatible con otro sacramento, el del Orden sagrado,[32] aunque ni Jesús, ni San Pablo, ni los Apóstoles, establecieron esa incompatibilidad.

Afirma la Iglesia que el matrimonio es indisoluble; pero de hecho lo disuelve e introduce para ello distinciones arbitrarias que Jesucristo y los Apóstoles no hicieron, y por lo tanto no constan en la Sagrada Escritura. Por ejemplo: si dos casados permanecen en castidad los dos primeros meses de su matrimonio, puede, antes de que se cumplan, abrazar uno de ellos la vida monástica, aun repugnándolo

---

32. The sacrament of holy orders (ordination) includes celibacy.

el otro; pero ninguno de ambos puede hacer esa misma separación para casarse con otra persona o vivir libre en el mundo.

¿Por qué?, le preguntáis a la Iglesia. ¡Oh!, responde, ese es un privilegio en favor de la Religión; casarse o vivir honestamente entre cristianos libres, ¡no es religioso para la Iglesia!

Admite el divorcio, no el repudio, que fuera lo evangélico; pero a condición de no casarse ninguno de los divorciados, y para eso sólo impone unos derechos que suben a miles de duros y unos expedientes que no bajan de cuatro años.[33] No hay de hecho divorcio para los pobres y de nada sirve el de los ricos, porque para vivir cada cual por su lado así convenidos, no hay necesidad de gastar dinero y sufrir cuatro años de molestias, depósitos y otras desdichas.

Y estableciendo esa indisolubilidad brutal, se reserva, sin embargo, la Iglesia la facultad de disolver matrimonios de Príncipes y de magnates, nada más que de magnates y Príncipes, para que el más fuerte de los cónyuges pueda casarse por *razón de Estado*, pero no el débil; ese a un convento.[34]

No le pidáis más a la Iglesia; no lo tiene ni lo concibe. Tal vez si sus ministros fueran casados lo concibiera: mas

---

33. A duro was a coin equal to five pesetas.

34. *Príncipe* means "ruler," since it refers not to princes but to any head of state (as in Machiavelli's *The Prince*). *Convento* may refer to convents or monasteries.

son célibes y a la vez polígamos que admiten y repudian mujeres cuando y como les conviene: para el pueblo una doctrina y una conducta; para los sacerdotes otra conducta y otra doctrina secreta; ¡es delicioso!

Toda la cuestión social y todas las cuestiones posibles las tiene resueltas la Iglesia; pero decidle: un hombre honrado sorprende en adulterio a su mujer; comprendiendo que no lo ama, tiene que separarse de ella; a una mujer buena le resulta su marido un criminal a quien condenan a presidio para toda la vida. ¿Qué harán esos infelices? Aguantarse con la castidad forzosa, responde el cura, pensando en su ama o sus amas.

—Pero es eso contradictorio con vuestra doctrina —le replicáis; —el matrimonio se instituyó para aplacar la concupiscencia natural de la carne y así es un bien; esos seres honrados, siendo inocentes, quedan privados de un bien a que les daba derecho la Iglesia, y no de balde, para toda su vida; por eso es, además de contradictorio al fin canónico, injusto ese precepto e inmoral.

Entonces la Iglesia, acorralada, confiesa rabiando que no tiene soluciones para esos casos ni para otros muchos, y por lo tanto que su doctrina es imperfecta e inmoral.

Su último recurso es la vulgaridad grosera que sigue: «Nadie es inocente por lo menos del pecado original (¡y lo borró el bautismo!); todos debemos ver en los hechos la voluntad de Dios, y así esos inocentes que se resignen porque Dios ha dispuesto que sean continentes y vivan en un hogar de desamparo; les convendría eso».

Y de ahí no saca nadie a la Iglesia, porque tendría que confesar que su doctrina no es de Cristo, ni Cristo enseñó doctrina alguna sobre el matrimonio y sus contingencias; esto no lo puede hacer la Iglesia sin suicidarse.

Diga, pues, cualquiera que tenga buen sentido, si con esta sociología se va a alguna parte y si puede esperarse algo de quien tales doctrinas y prácticas sostiene a estas alturas después de los adelantos de las ciencias sociales, de la antropología, de la fisiología, de la medicina y de todo el saber humano acerca del hombre.

Mi criterio, que no habría expresado si usted, doña Carmen, no me lo ruega, que es lo mismo que mandármelo, porque creo que a nadie le interesa conocerlo, es favorable al divorcio, prudentemente legislado, cuenta habida de los hijos; sobre todo, el divorcio, necesaria conveniencia de la indignidad de ser casado. Los dos ejemplos arriba puestos, dice todo mi pensar.

Los desgraciados a quienes cupo en suerte un cónyuge insufrible, dirán si es cristiana, si es humana la teoría burda de ese señor que ha dicho:

«Al que le salga mal su matrimonio, que se fastidie; servirá de escarmiento a otros.»

No; de escarmiento contra el matrimonio y de aliciente al amor libre; porque ¿dónde está el guapo que durante el noviaje pueda prever que su cónyuge resultará un perdido?

La injusticia, una injusticia grande como los sufrimientos del inocente por las faltas de otro, no puede ser ley. Mas para el triunfo de toda justicia hay un primer obstáculo que remover donde quiera que exista la Iglesia católica, apostólica, romana; ese ha de ser el primer divorcio, el de los pueblos y la Iglesia.

JOSÉ FERRÁNDIZ,[35]
Presbítero.

La mujer española no es partidaria del divorcio; cuando Ruiz Zorrilla presentó nuevo programa con reformas legislativas, manifestóle gran sorpresa uno de sus partidarios al ver que no incluía el divorcio, y el jefe del partido republicano contestó: *Tendríamos en contra a las mujeres.*

Creo lo mismo; pero no sé si la oposición de ellas consiste en que están muy encantadas de sus maridos, o en que tienen tan mala opinión de ellos que les aterra se les facilite el medio de satisfacer sus inconstantes pasiones.

CONCEPCIÓN JIMENO DE FLAQUER.[36]

Colombine —una meritísima escritora— ha tenido la valentía de plantear en el *Diario Universal* el problema exótico del divorcio, llamando a plebiscito los nombres más notorios en el mundo de las letras.

---

35. José Ferrándiz y Ruiz was not only a priest but also a journalist, translator, and anticlerical writer.

36. María de la Concepción Gimeno de Flaquer was a writer and an ideologically conservative feminist. At the time of this plebiscite, she had a good relationship with Burgos, but their relationship turned sour shortly thereafter. Note the misspelling of *Gimeno* in the text.

Todos los intelectuales pronúncianse fuera de casa a favor del divorcio, pero obsérvase en casi todos la tendencia a desarrollar su tesis desde el punto de vista del adulterio. Y el adulterio podrá ser «un motivo», pero no «el motivo». Ya lo han dicho Blasco Ibáñez y Sellés, protestando el primero de que el matrimonio mantenga unidos como en una misma cadena a los seres que se desprecian o se odian; asegurando el ilustre autor del *Nudo Gordiano*[37] que la mujer chismosa y enredadora, la manirrota que compromete el prestigio y buen nombre del marido, la irascible, no valen más que la adúltera.

La incompatibilidad de caracteres basta y sobra para disolver el matrimonio. Una mujer puede tener un momento, o unos cuantos momentos de debilidad, y si es discreta, hacer feliz a su marido. Una esposa austera, de una virtud rígida, puede convertir el hogar en un infierno, sobre todo en las modestas, donde todo es común y donde no hay medio de sustraerse ni de evitarse.

No es necesario para romper el lazo el alegato de la moral quebrantada. Eso de la moral es contingente: entre el moro de Venecia, que estrangula airado a Desdémona, y el filosófico gobernadorcillo filipino, que prestaba su mujer al *castila*, debe existir un prudente y acomodativo término medio.[38]

---

37. Eugenio Sellés was a Spanish writer, playwright, journalist, and politician who studied law and had a successful career as a prosecutor. He was known as a journalist for his political essays.

38. A *gobernadorcillo* was a Philippine governor during the Spanish colonial period. *Castila* was what the local Filipinos called the Spaniards (who spoke Castilian).

Pero se me ocurre que el divorcio va a resultar para la gran masa social española algo así como las coplas de Calaínos.[39]

Aquí, donde la mujer no tiene más salida que el casorio, y el hombre se dirige tan campante hacia la Vicaría con una credencial de seis mil reales o dos estrellitas en la manga, no hay que pensar en divorcio ni en nada. ¡Dios proveerá!

¿Había usted hecho el presupuesto de la casa antes de casarse? No. ¿Había usted hojeado el Código civil para conocer sus obligaciones y derechos? No. De suerte que firmó usted un contrato en blanco, con la misma inconsciencia que un pagaré de usurero cuando se anhela un puñado de duros.

¿Vale la pena discurrir sobre planes curativos del catarro para los locos que a media noche y en pleno invierno se lanzan a la calle en mangas de camisa?

Dicho se está que también hay cuerdos que se casan conscientemente, encontrándose defraudados por su mala estrella. En obsequio a esto, necesario es que se implante el divorcio en España.

Pero el divorcio es un alicatado de la escultura social, y está todavía el bloque sin desbastar.

Antes es necesario inculcar en los hombres la responsabilidad que contrae el cabeza de familia; el dinero que

---

39. Referring to words and reasoning that are not given any importance. Calaínos was a fictional knight-errant from the *Cancionero general*, an anthology of lyric poetry from the late Middle Ages. *Coplas* refers to traditional verses.

hace falta para sostener decorosamente el hogar; en las mujeres desarraigar la idea del matrimonio *à outrance*, haciéndoles comprender que vale más ganar dos pesetas que pretender con un duro diario criar hijos anémicos, sin salud y sin porvenir, testigos de la *débâcle* de un hogar y víctimas inocentes de un estúpido ayuntamiento.[40]

Como tema de controversia no está mal el del divorcio; pero váyales usted a hablar de eso a los once millones de españoles que no saben leer ni escribir.

Y sobre todo a las mujeres, que se dedican los trescientos sesenta y cinco días del año a la busca y captura de un marido, en proporción de once contra uno, según la última estadística.

En España el divorcio es una utopía. Los valientes que se tragan la píldora ya saben que no hay contraveneno.

Que el vino es malo, no beberle.

Que el tabaco es infame, no fumarlo.

Que el matrimonio es absurdo, no casarse.

RICARDO GARCÍA DE VINUESA.[41]
(De *La Democracia*.)

---

40. *Matrimonio à outrance* means "extravagance in marriage." The French term *à outrance* suggests going to extremes. The French term *débâcle* means a "collapse" or a "breaking up."

41. Ricardo García de Vinuesa y Arguedas was a Civil Guard captain and translator.

Señora Colombine:

Muy respetable señora mía: Sin otros títulos que mi insignificancia como periodista, acudo al PLEITO DEL DIVORCIO que usted con innegable talento ha promovido ante el Tribunal de la opinión pública; pleito que viene ilustrando con su reconocida competencia esforzados paladines de la República de las Letras.

Ignoro si para este asunto estaré capacitado en cuanto que no he sido siquiera *testigo* en el célebre PLEITO DEL MATRIMONIO, de Guerrero y Sepúlveda, pero en descargo de mi culpa habré de manifestarla que por aquella época no me hallaba todavía en el pleno goce de mis derechos civiles, efecto de mis escasos años y falta de capacidad especialmente.

Si usted con su superior criterio considera que esto no es *tacha* suficiente para que por ello deje de *declarar* en su *pleito*, allá van apuntadas algunas ideas y valgan por lo que valieren.

Enemigo de sentar una *negación* como ha pocos días sentaba mi digno correligionario Sr. Estévanez, deduciendo dé ella una *afirmación* concreta y terminante, empleo la síntesis y dejo a un lado él uso del silogismo.

Por tanto, yo entiendo que el ilustre exministro de la Guerra sueña para tiempos mejores un ideal de perfección en la Humanidad, tras el cual seguramente corremos muchos, pero que al presente se hace difícil conseguir por utópico a causa de ser fatalmente imposible derruir los vetustos sistemas y arcaicas y fundamentales instituciones por que vienen rigiéndose las sociedades civilizadas.

En buen hora que para facilitar la realización del problema de la separación de la Iglesia y el Estado, hayamos de procurar cuantos anhelamos el bien colectivo, porque encarne en nuestras costumbres el matrimonio civil, ya que el canónico no se ha juzgado indispensable para las relaciones que median entre el individuo y el Estado; pero de ahí a negar la conveniencia, mejor dicho, la necesidad de la personalidad jurídica-matrimonio, media un abismo que sólo puede salvar, tras multitud de siglos, una sociedad perfectamente organizada y educada.

Sentada ya como premisa indispensable para la vida social y de relación el matrimonio civil, cabe preguntar: ¿Se hace preciso que el legislador acuerde una medida que al fortalecer dicha institución social sea a un tiempo garantía suficiente para todo cónyuge, dado el caso que cualquiera de ellos pretenda en momentos determinados y por tales o cuales causas disponer de su voluntad libremente y efectuar con persona distinta a la anterior, si *así* es su deseo, otro nuevo enlace?

Soy partidario del divorcio, y por tanto mi respuesta es afirmativa, pero con la salvedad de que el divorcio no ha de ser convencional y casuístico como el que solo admite la separación de cuerpos, sino de aquel otro divorcio amplio y racional que dejo apuntado.

Dando la consiguiente amplitud y elasticidad a una ley semejante, desaparecerían los tan frecuentes casos de bigamia y amancebamiento, que ahora vienen a llenar desgraciadamente una necesidad por todos sentida.

Entonces ninguna mujer, fuera del estado o condición que fuera, tendría que recurrir como al presente al disimulo y a la astucia, y lo que aún es más doloroso, a depositar en el torno de una inclusa, si ha de ocultar su deshonra, el fruto de sus adúlteros o desgraciados amores.

Y no se me objete que con una ley acerca del reconocimiento de la paternidad como la que tienen en su programa los socialistas franceses, podía subsanarse tamaña falta, porque dicha ley, a poco que se medite, se verá que es altamente ridícula y nada práctica.

Que el divorcio es una necesidad imprescindible por todos sentida lo demuestra la humana naturaleza, voluble y tornadiza de suyo, y confírmanoslo la naturaleza misma de las cosas.

El variar de postura es el ansia íntima y constante de todo enfermo, y todos, absolutamente todos, nos hemos sentido enfermos una vez siquiera por falta de libertad en nuestro matrimonio.

Este sentimiento, este ansia de libertad, innato en el espíritu del hombre, es tan espontáneo, que nadie cree ser libre mientras que no pueda disponer de su conciencia, de su voluntad y de sus acciones.

A esto se debe el que algunos pensadores hayan afirmado que es tanto más esclavo aquel que más libre es de sus actos.

Un poeta, Sully Prudhomme, ha dicho: «Las caricias no son sino inquietos transportes, infructuosos ensayos del *pobre amor,* que aspira a la imposible *unión de dos almas* por medio de los cuerpos.»[42]

Creo que Goethe, en sus *Afinidades electivas,* buscó en vano, como Sully, la manera de fundir dos almas en una sola. En el mundo inorgánico será una verdad inconcusa la unión de una o más moléculas, de uno o más átomos; pero en nuestro mundo, en el mundo social en que vivimos, el equilibrio es inestable.

Afirma Maupassant: «… Antes creía yo que un beso de aquella mujer me transportaría a los cielos… ¡y qué desencanto sufrí un día en que, estando enferma con unas fiebres pasajeras, sentí en su aliento el soplo ligero, casi sutil, de la podredumbre humana!… ¡Oh, la carne!»

La carne, si, señora Colombine, juntamente con la paulatina transformación, con los mil caprichos insustanciales, con las nonadas de que se compone el matrimonio, lo hacen a veces monótono, prosaico, insoportable.

¡Ah, el divorcio!… Y después…, después lo desconocido, lo que aún no ha desflorado nuestro deseo, lo imprevisto… ¡Esto es lo agradable!…

El ser vulgar y rutinario, el apegado a las costumbres como al terruño…, ¡ese, que allá se las haya!...

R. GARCÍA PRIETO.[43]

---

42. The original French is "Les caresses ne sont que d'inquiets transports, / Infructueux essais du pauvre amour qui tente / L'impossible union des âmes par les corps"; Sully Prudhomme, *Euvres, Poésies, 1866–1872,* Alphonse Lemerre, p. 186. Prudhomme was the first winner of the Nobel Prize in Literature.
43. Manuel García Prieto was a Spanish lawyer and politician.

Señora Colombine:

Muy señora mía y de toda mi consideración: Para contestar su amable carta, aguardaba a hallar tiempo, a fin de enviar a usted mi opinión razonada. Pero ni la tengo, ni sé cuándo la tendría; y no queriendo retrasar más mi respuesta, me veo obligado a rogar a usted me dispense. Pues aunque soy por completo favorable al divorcio, en interés de la moral y de la dignidad y santidad del matrimonio, como no se trata de votar, sino de dar razones, ni, además, conozco las opiniones que usted ha recogido hasta ahora, y de que no me sería lícito prescindir, creo inútil publicar la mía.

Esperando que usted tendrá la bondad de perdonarme, soy con este motivo de usted afectísimo y seguro servidor q. s. p. b.,

FRANCISCO GINER.

A Colombine:

¡Ay, amiga mía! Viene usted a llamar a la puerta de mi rincón, donde hace tanto tiempo vivo encerrado, rendido al peso de los años y de las penas. Olvidado del mundo, no me acuerdo ni de las letras, que fueron siempre mi encanto. Me despierta usted de mi sueño para pedirme opinión sobre *el divorcio*, cuestión que, como las medallas, tiene anverso y reverso, y nada puedo negar a persona que tanto estimo por su talento; pero olvida usted que lo que quiere de mí lo he tratado extensamente en una de las varias ediciones del *Pleito del matrimonio* que seguí, en verso, con mi compañero Ricardo Sepúlveda. Allí emplacé a distinguidos escritores, que honraron el citado libro con su conocido ingenio.

Al empezar el debate, los cité con algunas cuartetas, de las que copio una para presentar mi opinión en aquella época en que era tan venturoso con la santa compañera de mi vida, de la que estoy *divorciado* por la voluntad de Dios, *único que puede separar a los seres que El juntó,* como dijo Cristo, según el Evangelio de San Mateo. Preguntado yo si era conveniente el divorcio, escribí:

> Y no lo digo por mí;
> si una ley me divorciara,
> veinte veces me casara
> con la mujer que elegí.

Consignó Vital Aza en una de sus brillantes quintillas:

> Pero nunca hallo bastante
> razón para que un tunante
> rompa un vínculo sagrado.
> ¡No, señor! ¡Si se ha casado
> y le va mal, que se aguante!

Y el inspirado poeta Velarde me decía, al empezar sus hermosos tercetos:

¿La cuestión del divorcio no te hastía?
Ven a mi hogar, verás cómo despierta
tu espíritu apenado a la alegría.

Cuenta el escritor francés M. Ricard que un loco encerró en una jaula un gavilán y una paloma, marchándose luego. A las pocas horas volvió con un sabio que, viendo al gavilán furioso y a la paloma cubierta de sangre, les dio la libertad, y los pájaros volaron muy contentos. He ahí la sabiduría llevando a la práctica *el divorcio*; el único medio de castigar al marido por sus tiranías o a la mujer por sus debilidades.

¡Los hijos! Es verdad que son víctimas de los disturbios conyugales; pero como no aprenden nada bueno y pierden el amor a la familia, se cree conveniente apartarlos del hogar revuelto.

Pero ¿qué digo y qué copio? Se creerá que hablo por mi cuenta, cuando no hago más que espigar en campo ajeno.

Entre otros escritores de primera línea, vea usted, amiga Colombine, lo que en el citado *Pleito* opinaron Leopoldo Cano, José Herrero, Joaquina Balmaseda, Constantino Gil, Fernández Shaw, Suárez Bravo, Manuel Valcárcel, Tolosa Latour, Enrique R. Solís, el padre Fita y el marqués de Valmar, con frases valientes, en soberbios versos o en excelente prosa. Y la opinión sigue sin dar resultado en España, a pesar de que en casi todos los países está aceptado el divorcio. Ya lo dijo Montesquieu: «El divorcio es necesario en las civilizaciones adelantadas.»

El filósofo Erasmo nos enseñó que «era preciso respetar el matrimonio mientras no fuera más que un purgatorio, y disolverlo cuando llegara a ser un infierno».

El célebre Champfort escribió que «el divorcio es tan natural, que en muchas casas se acuesta todas las noches entre los dos esposos».

No me pregunte usted ahora si canto la palinodia, porque le contestaré: ¡Cómo cambian los tiempos! ¿Soy yo acaso hoy el mismo, solo, sin las venturas que gozaba en mi cariñoso hogar?

Víctor Hugo dijo que «el amor es ser dos y no ser más que uno; dos seres que se funden en un ángel, es el cielo». Y el satírico inglés lord Byron, para apoyar la idea, se permitió escribir: «El matrimonio nació del amor, como el vinagre del vino.» ¡Cuánto combatí ese pensamiento!

Fui en mis *Cuentos de salón* y en todos mis libros propagandista del santo lazo. Sí, porque dos seres que amándose de veras van al altar, son como dos gotas de agua que al reunirlas se mezclan y se confunden sin que nadie pueda separarlas. Para ellos es imposible *el divorcio*.

En cambio, los que entran en el templo arrastrados por la codicia o por el cálculo, dejan a la puerta el corazón; son como dos gotas, una de agua y otra de aceite; se unen, pero no se mezclan ni se confunden. *El divorcio* se impone. ¡Pobres hijos los que engendran!

Si mi compañero Sepúlveda lee estas desaliñadas líneas, que nada aseguran ni niegan, por más que lo parezca, abrirá tamaños ojos, creyendo que no las escribo con la misma pluma que nuestro antiguo *Pleito.* ¿Piensa él lo mismo que entonces? ¿No se ensañó contra el matrimonio y se ha casado dos veces? ¡Y es hoy muy feliz! Tiene la palabra para dar su opinión en el nuevo litigio que sigue el *Diario Universal.*

Lo que se escribe durmiendo, al despertar se borra. Rompa usted estas cuartillas y déjeme dormir hasta que Dios me conceda el descanso con el sueño eterno, que ya no puede tardar.

TEODORO GUERRERO.[44]

Amiga Colombine:

¿Mi opinión sobre el divorcio? Es muy sencilla y a gusto de todos.

Divorcio, es desunión: lo contrario del matrimonio, que es unión; *conjuntio maris et fœminæ,* como lo definía Modestino.[45]

Ahora bien; esta unión de espíritus, de voluntades y de realidades corpóreas, tiene dos aspectos: el jurídico y el religioso; uno que toca a la ley, independiente de toda confesión; otra a la conciencia creyente.

La ley, o es natural o civil. Ante la naturaleza no puede imponerse uniones perpetuas; civilmente, no hay razón

---

44. Teodoro Guerrero Pallarés was a writer, journalist, and politician of the Liberal-Conservative Party.

45. Latin for "the conjunction of man and woman."

que las autorice. Aquélla sólo reconoce un deseó; ésta un contrato: ambas son temporales y efímeras.

La religión da otro carácter al vínculo: o le aprieta o le afloja, o le extiende o le restringe, según sea el credo en que se comulga. Así, el cristiano le cree indisoluble y aboga por la monogamia, y el mahometano admite la poligamia y el repudio.

In dubiis libertas[46]; entre tantas encontradas afirmaciones, libertad para que cada cual siga su fe o los dictados de su razón.

La ley natural ya deja a cada uno a merced de su propio impulso; la ley civil debe regular simplemente el contrato, disoluble como todos.

Y el que sea católico debe obedecer al Concilio Tridentino, guardando la indisolubilidad del nexo; y el que reniegue y quiera hacerse un musulmán, debe ser libre de tener su harén correspondiente.

Lo que no es posible es ser católico y sostener el divorcio *quod ad vinculum*.[47] Esto es condimentar un pastel de liebre sin liebre.

Un divorcio cabe dentro de la Iglesia: el que aplica cierto sacerdote socarrón a dos a quienes casó, y que al mes siguiente fueron a descasarse.

---

46. The full Latin saying is *In necessariis unitas, in dubiis libertas, in omnibus caritas,* meaning "In necessary things unity, in uncertain things liberty, in all things charity."

47. The Council of Trent was established to declare Protestantism heresy. Among other things, it distinguished between *divortium quo ad thorum* ("legal separation") and *divortium quo ad vinculum* ("divorce").

—Hincáos de rodillas, hijos míos —les dijo; y cogiendo el hisopo empezó *pim, pam*, a descargar a turno sobre uno y otro sendos golpes en la cabeza.

—Padre, ¿qué es esto? —decían los dos, al verse así golpeados; y el buen cura seguía sin inmutarse, repartiendo equitativamente los hisopazos, cada vez más fuertes.

—Pero ¿qué es esto? —exclamaron ya los dos alarmados y con las cabezas llenas de chichones.

—Nada, hijos míos —dijo el cura; —que la manera de descasarse es aguantar aquí, hasta que sólo quede uno de los dos para contarlo.

Cristianamente, hay que resistir los golpes de la adversidad hasta… eso.

Ya sabe usted mi opinión.

ANTONIO LEDESMA.[48]

A Colombine:

Mi gentil amiga: Me pone usted en un aprieto pidiéndome mi opinión acerca del divorcio. Un marido tan bien avenido con su mujer como yo lo soy, tiene forzosamente, si ha de ser lógico, que mostrarse adversario de todo lo que sea desatar el lazo del matrimonio.

---

48. Antonio Ledesma Hernández was a lawyer, writer, and proponent of regenerationism, a school of thought influenced by Krausism and opposed to the corrupt political system of Spain that institutionalized the deliberate alternation of governing powers between the Liberal and Conservative Parties, often done with bribery and fraud to ensure the desired results.

Pero si razonásemos despacio, pensando en los que no viven como yo, quizás viniésemos a la conclusión de que el divorcio, en ciertos casos, es la única manera de evitar que dos seres sean desgraciados.

Lo mejor, a mi juicio, amiga querida, es que aquéllos que crean en la necesidad del divorcio, no se casen nunca.

ÁNGEL DE LUQUE.[49]

Señora Colombine:

Quod Deus conjunxit homo non separet.[50]

Un escritor ilustre ha dicho que el mayor elogio que podía hacerse de la religión cristiana es que subsistía, a pesar del daño que le hacen los que la profesan. Pues bien; eso es lo que yo digo acerca del matrimonio. En efecto, ¿puede haber espectáculo mejor, en estos tiempos de duda por que atravesamos, que contemplar la pareja joven y feliz que sale unida del templo para comenzar una vida de amor y sacrificios recíprocos, o bien la pareja de ancianos que caminan prestándose mutuo apoyo, terminada ya su misión en el mundo y esperando la muerte el viejecito al lado de su viejecita? Seguramente no hay cuadros más hermosos y consoladores; pero, por desgracia, conozco tan pocos ma-

---

49. Ángel de Luque was an intellectual and translator of foreign literature into Spanish, including Émile Zola's *Germinal* and several short stories by Wilkie Collins.

50. "What God has joined together, let no man separate."

trimonios felices, y en cambio sé de tantos desgraciados, que he llegado a pensar si sería conveniente variar las leyes en ese punto. Para saber a qué atenerme, he leído y analizado con minuciosidad, a más de otras obras muy recomendables, la de Díez Enríquez, titulada *Derecho positivo de la mujer,* y la lectura de este libro útil y precioso me ha confirmado en mi idea de que es necesario modificar el Código en lo que a la mujer se refiere, no sólo en este caso concreto, sino también en otros muchos.

Verdaderamente, y aunque no sea yo una feminista *enragé*, comprendo que es injusta en sumo grado la legislación, pues como dice muy bien el notable jurisconsulto ya citado: «El sexo puede modificar los gustos y las inclinaciones, pero no cambia las cualidades de la persona. Por consiguiente, tampoco el derecho. Ante las leyes fundamentales y derivadas, ante el orden jurídico, público y privado, deben ser iguales ambos sexos. Pero el vigente limitado derecho de la mujer tiene por origen su tradicional incultura, su decantada frivolidad. Y ante la fuerza de esta creencia abrumadora, ante el imperio de las costumbres seculares, no se puede confiar más que en las pequeñas conquistas que paulatinamente vaya alcanzando la razón sobre las preocupaciones reinantes.»

Pero circunscribiéndonos al asunto que motiva estas consideraciones, debo manifestar que, en efecto, la desigualdad establecida por el Código civil entre el hombre y la mujer no está ni puede estar justificada en modo alguno, pues no señalando la menor diferencia en el art. 56, que dice: «Los cónyuges están obligados a vivir juntos, guardarse fidelidad y socorrerse mutuamente»; en cambio en los artículos 438 (párrafos 1.º, 2.º y 4.º) y 452, varía radicalmente de aspecto, hasta el extremo de autorizar la muerte de la esposa infiel y castigar con una insignificante pena al esposo perjuro. Además, tal y como se encuentra admitido aquí el divorcio, el marido tiene siempre dominio sobre la mujer; de suerte que, al separarse civil y canónicamente los cónyuges, el esposo, valiéndose de la omnímoda libertad que de hecho le conceden la ley y la depravación actuales, puede llevar la vida que mejor le acomode, en tanto que la esposa, esclava siempre de las conveniencias, no debe, sin menoscabo de la propia dignidad, amar a otro hombre; pero si olvidando su decoro así lo verificase, ahí está el marido que tiene derecho a *recluirla, castigarla y hasta matarla*, sin exponerse más que a sufrir un destierro *de seis meses a seis años*, en el último caso.

¿Es esto justo?

¿Puede tolerarse tan irritante diferencia? Sin duda que no. Se debe tratar de conseguir el divorcio como se halla establecido en Francia, para que al separarse el matrimonio cada uno quede en libertad de contraer nuevo enlace. ¿Pues qué? La mujer que se ha casado enamorada, creyendo por efecto de su cariño que su esposo posee todas las buenas cualidades imaginables, y luego se encuentra *unida para siempre a* un ser brutal, despótico, infiel o dilapidador, ¿es justo que viva soportando semejante martirio y *arrastrando a perpetuidad*, aunque de él se separe, la pesada cadena? No, por cierto. Y conste que me es lo mismo citar el caso contrario.

Creo, pues, que la Iglesia y el Estado, de común acuerdo, deben establecer el *divorcio absoluto* como único medio de evitar un sinnúmero de uniones irregulares y matrimonios desgraciados.

Se dirá que el remedio es muy fuerte, acaso muy peligroso; pero a eso puede contestarse que de él no harán uso sino los enfermos que lo necesiten. No le pedirán ciertamente los esposos amantes y buenos cuyo cariño es correspondido por su compañera; ni aquéllos que se han casado por interés y se ven precisados a soportar pacientemente la carga que ellos mismos han echado sobre sí; ni las mujeres que sufren resignadas los disgustos que les proporcionan sus maridos, a quienes aman a pesar de todo. Ninguno de esos pedirá el divorcio; pero ¡habrá tantos otros para quienes será la salvación!

Por mi parte, declaro que ni de cerca ni de lejos me atañe el asunto, y que sólo hablo en interés general, fundándome en lo que he oído y leído a muchos hombres de talento, contándose entre ellos mis buenos amigos Zozaya y Gómez Carrillo, y en lo mucho y acertado que dice en su libro Díez Enríquez, apoyado por mis ilustrados compañeros de la *Revista de los Tribunales*; pero sobre todo y principalmente, en los tristes ejemplos prácticos que a diario se ofrecen y que han inducido a muchas personas a considerar el matrimonio con el mismo temor con que mirarían a sus pies una sima cuya profundidad se desconoce. Es muy hermoso aquello de *Quod Deus conjunxit homo non separet*; pero cuando esa frase se escribió, alumbrábanse las gentes con antorchas, mientras que hoy brilla por todas partes la electricidad. Eran mejores las personas, o cuando menos, tenían a gala aparentarlo. No se había descubierto la *neurosis* ni otra porción de cosas tanto o más importantes. No era ridículo enamorarse de verdad, ni ser esclavo de la palabra empeñada, y se prefería la muerte al deshonor. Ahora sucede lo contrario, y, por consiguiente, hay que *modernizar* las leyes. *To new years new customs.*

EVA MARTÍNEZ DAZA.[51]

Señora Colombine:

Muy señora mía y de mi consideración: Dadas mis ocupaciones en el cargo que ejerzo y la labor diaria parlamentaria a que me hallo sometido, no puedo tener el gusto de complacerla por falta absoluta de tiempo, no de deseo, defiriendo al suyo, que tan amablemente me expresa en su carta del 25.

Con este motivo me reitero de usted afectísimo y seguro servidor q. s. p. b.,

ANTONIO MAURA.[52]

51. Eva Martínez Daza was an Andalusian writer and journalist.
52. See note 13.

El divorcio

Colombine, del *Diario Universal*, solicita mi opinión sobre el divorcio: ¿me permitirá la distinguida escritora que la exponga desde esta nueva tribuna?

Yo soy partidario del divorcio: yo estoy divorciado. Yo estoy divorciado, no una, sino dos, sino tres, sino cuatro veces.

Y yo os diré cómo se ha realizado esta cosa estupenda. Cuando pienso muchas veces en uno de esos graves problemas de la vida que continuamente nos atosigan, y ante los cuales, por fortuna, no me hallo, yo suelo preguntarme: «¿Cuál hubiera sido mi conducta ante este obstáculo formidable? ¿Qué actitud hubiera sido la mía si las circunstancias caprichosas hubieran llevado mi vida por ese camino y no por éste, tan distinto, que ahora voy recorriendo?»

Y entonces, durante un minuto, mi imaginación corre trafaga por ese otro camino, y mientras dura este instante me contemplo como si fuera *el otro*. Y bien: yo he sido casado; yo he adorado varias mujeres, a las que quería sinceramente, con las que me hubiera unido santamente de buena gana (al menos tal es lo que yo les decía a ellas). Y ¿cuáles han sido mis fortunas y adversidades en la vida conyugal?

Yo me veo en un quinto piso, al que se llega por una escalera angosta y sombría, metido en un cuarto pequeño, destartalado, sin esteras, sin cuadros, sin cortinajes, sin muebles, sin chimeneas.

Yo me veo con un traje comprado en El Águila por cincuenta pesetas, o bien con otro traje, que si no lo he comprado hecho, me obliga todos los días, cuando estoy en casa, a decir que no estoy.

Yo me veo a todas horas escribiendo sobre la mesa de una redacción, sujeto a este ominoso y triste yugo de un periódico, farullando artículos políticos o crónicas literarias, sintiendo entusiasmos que no siento, o fingiendo odios que no pasan por mi espíritu; y luego, cuando he vuelto a casa, cansado, rendido, me veo cogiendo otra vez la pluma y escribiendo traducciones sin gusto y sin aliño, o tramando cuentos y artículos que yo iré a llevar a las revistas y los periódicos, con mi traje derrotado, y que me tomarán rezongardo, por lástima.

Yo me veo junto a mi mujer (en una de esas ocasiones raras e ineludibles en que nosotros, los literatos pobres, que sentimos vergüenza de nuestras mujeres, nos vemos obligados a llevarlas por la calle); yo me veo con ella, vestida con uno de esos trajes que son viejos y que son nuevos, indefinibles, en los que las mañas femeninas han trabajado, y que inspiran más compasión que un vestido francamente viejo y francamente roto. Yo me veo en casa, en esos días tremendos, demasiado frecuentes, en que no hay crédito ni dinero, exasperado, brutal, violento, chillando mientras mi mujer chilla, blasfemando mientras los niños lloran, obligado a trasladar la casa a otro piso quinto, del que nos marcharemos dentro de un mes a otro, forzado a ir a recibir otra humillación, otro bochorno, al periódico o la revista que me han tomado la semana pasada un artículo, y que no quieren volverme a tomar más...

Y al llegar aquí dejo la pluma sobre la mesa y apoyo la cabeza en las dos manos, pensativo. Y no será posible imaginar, con la imaginación de Dante, dos infiernos distintos, igualmente hórridos, pero yo veo otro. Estoy en las afueras de un pueblo manchego, gris, monótono, desolado, sin agua, sin árboles.

Por la llanura negruzca serpentea un camino, entre los inmensos cuadros de sembradura, entre las plantaciones de grises olivos, y por este camino viene todas las tardes, después de comer si es invierno, al oscurecer si es verano, un señor que no es mozo ni viejo, que no tiene la viveza de la juventud, ni la indolencia de la vejez, pero que revela, en su aspecto y en sus ademanes un profundo cansancio.

Y si os acercáis a él y escucháis sus palabras, os percataréis de que este hombre, que fue antes inteligente, vivo, generoso, audaz, emprendedor, es a la hora presente un desdichado autómata. Este hombre fue antaño un escritor de ingenio y de cultura: leía lo antiguo y lo novísimo, escribía páginas libres e ingeniosas, gozaba de una cierta nombradía que le alentaba en sus trabajos. Y ahora vive encerrado y silencioso en este pueblo. Todos los días se levanta a la misma hora; todos los minutos de su vida son iguales; las campanas de las ocho o diez iglesias de la ciudad tocan continuamente; su mujer ha llenado la casa de santos con candelicas encendidas; los devotos enlutados que entran en la casa con sus rosarios le hablan de tristezas y muerte; los aparceros no pagan sus rentas porque las cosechas se han perdido; los inquilinos pobres de sus casas no pueden dar tampoco sus alquileres; es preciso comprar una yunta que sustituya a la vieja, y no hay dinero; es urgente hacer una reparación en un edificio, y se ve obligado a tomar una cantidad a rédito…

Y luego, sobre todas estas obsesiones de su espíritu, los detalles de la vida íntima y diaria le desesperan con esa mansa y feroz desesperación que no se traduce ya en gritos, ni en imprecaciones, ni en insultos, ni en golpes. Las habitaciones están sucias, desordenadas; si se intenta limpiarlas, se arrastran y mezclan con estrépito todos los muebles y se les golpea con ruido atronador; de la mesa de su despacho desaparecen libros y papeles que él no encuentra cuando tiene necesidad de encontrarlos; sobre la mesa del comedor hay unos pañales y un peine; por la mañana, cuando se levanta, no encuentra agua en su jarro; las comidas no están a punto nunca; si se sienta acaso a trabajar un rato, recordando sus antiguos amores de artista literario, al mismo tiempo se pondrán a limpiar la pieza de al lado, o su mujer entrará con la máquina en el despacho —porque la otra pieza, como he dicho, están limpiándola— y allí estará cosiendo toda la tarde, mientras él ha de abandonar, resignado, sus intentos…

Y después, por encima de todo esto, de las angustias económicas y de las intolerables y continuas molestias íntimas, está la soledad moral o intelectual en que se halla. ¿Con quién hablar? ¿A quién comunicar las fantasías y los recuerdos de su espíritu? Ya su nombre ha sido olvidado en Madrid: sus antiguos compañeros no le recuerdan. Pero él siente de cuando en cuando unos anhelos, unas ansias, unas añoranzas de su vida libre y fecunda... Y entonces sale de casa, deja atrás la ciudad sombría, y va paseando solo por el camino tortuoso, en la inmensa llanura gris plantada de grises olivares.

Y al llegar aquí, otra vez dejo la pluma sobre la mesa y apoyo la cabeza entre las manos, pensativo. Estas dos mujeres han sido mis mujeres; mis destinos han ido unidos a sus destinos. Ahora estoy libre, en mi cuarto de soltero, ante mi mesa, con mis cuartillas, mis plumas y mis libros, feliz bajo mi capa y mi sombrero de bohemio, escribiendo lo que yo quiero, saltando de uno en otro periódico, sin que me contenga «el pan de los hijos», ni me fuerce el pago del alquiler a tales o cuales humillaciones, sin hacer nada cuando me place no hacer nada.

He aquí, señora, cómo yo me he divorciado sin divorciarme.

J. MARTÍNEZ RUIZ.[53]
(De *España*.)

Fragmento

Algo análogo puede decirse del carácter de Mauricio, espíritu noble y elevado, alma selecta y confiada, que tiene

---

53. Later this year, 1904, the novelist, playwright, and literary critic José Augusto Trinidad Martínez Ruiz began using the pseudonym Azorín, from a character in one of his books. Martínez Ruiz was a radical in the 1890s but began moving to the right by 1899. He served as a Conservative deputy between 1907 and 1919.

del amor concepto suficientemente alto para no creer posible la reconciliación de dos almas entre las cuales habrá de alzarse siempre el fantasma del intruso, y tiene de la vida concepción bastante amplia para no creer tampoco que toda la existencia está en la fidelidad de una mujer, y que un amor, por puro y grande que sea, necesariamente ha de ser eterno.* Roto su matrimonio, no cree que deba quedar concluida su vida, y aún tiene para poner fin al drama una frase de esperanza:

—Tú serás feliz —dice a su esposa; —y, ¿quién sabe? —añade luego —quizás lo sea yo también.

¡Qué lejos está esa frase del famoso *tue-la* tan grato a nuestros dramaturgos de muleta y espada, que sólo saben acabar sus obras como acaban las corridas de toros, con el arrastre de unos cuantos personajes!

Nadie podrá tachar de extrahumano el desenlace de la obra de Capus, que revela una evolución de los espíritus, y allí, en Francia, donde tantas obras se han escrito en todos los tonos contra la ley del divorcio, es un alegato más en favor de ella, sin retóricas enfadosas ni discursos enfáticos de los que tan en moda estuvieron allende y aquende los Pirineos hace algunos años. Una mujer es infiel a su marido, el marido cree imposible rehacer su existencia de paz y amor, y el problema queda fácilmente resuelto mediante el divorcio. ¿Habrá quien diga que aquello es absurdo porque no hay efusión de sangre, y en

---

* De la crítica hecha con motivo del estreno de *El Adversario*. [*L'adversaire* by Alfred Capus and Emmanuel Arène (1903)]

lugar de un revólver que corte el nudo gordiano, sale a escena una ley en concepto de *deux ex machina*?

ALEJANDRO MIQUIS.[54]

Señora Colombine:

Muy señora mía: Siento muchísimo no poder contestar a su pregunta. Soy soltero y no tengo opinión ni concepto acerca del matrimonio, ni mucho menos del divorcio.

Con este motivo tiene el gusto de ponerse a sus pies, su afectísimo seguro servidor,

F. NAVARRO Y LEDESMA.[55]

Señora Colombine:

Creo que la rescisión fundada es la mejor garantía de los contratos. En el orden legal y en el orden moral, el divorcio es lo razonable. Por eso dudo que por aquí lo aceptemos de buenas a primeras. Trabajillo costará.

Regla de prudencia es estudiar bien la entrada en todo paraje desconocido; mas la prudencia se quedaría a medio camino, si no se estudia también, y preferentemente, la salida.

---

54. Pen name of the drama critic Anselmo González.
55. Francisco Navarro y Ledesma was a journalist and literary critic.

Esto opino, y seguramente que estamos en mayoría... teórica. Para la práctica necesitamos que nos entren la razón a cuña y mazo.

Y si no, al tiempo.

Muy suyo y devoto amigo y admirador,

JOSÉ NOGALES.[56]

Señora Colombine:

Muy distinguida señora mía: Una desgracia de familia y enfermedades en casa, me han impedido cumplir a usted mi promesa de escribir algo sobre el *divorcio.* Acaso ignore usted que hace veinte años estrené un drama en el Español con el título de *Corazón de hombre,* cuyo tema era la defensa del divorcio, y que a la vez ensayé en la Comedia una *ídem,* titulada *Hombre de corazón* atacándolo y ridiculizándolo. Esta obra no llegó a representarse porque, creyéndola mala, yo la retiré y la rompí.

Con tales antecedentes, usted deducirá las consecuencias.

Mi opinión particularísima, es que volvería a casarme cien veces con la mujer que tengo, a Dios gracias, pero que disculparía a muchos infortunados que tirasen a las suyas por un balcón.

---

56. José Nogales Nogales was a journalist and writer who is sometimes included in the Generation of '98.

80

Me repito de usted admirador y afectísimo amigo
q. b. s. p.,

PEDRO DE NOVO Y COLSON.[57]

Señora Colombine:

Humildemente, con la humildad por virtud e inspiradora, diré a usted mi opinión sobre el divorcio. Soy partidario de él; y al declararme así, me declaro también, de paso, partidario del matrimonio, al revés de nuestros jóvenes superhombres, que creen ver en el matrimonio un puñal para el Arte.

Hecha queda mi confesión; partidario del matrimonio, en primer término, y partidario del divorcio después —esto sí que es gracioso— como para deshacer el error.

Como el amor no se ata con hierro sino con rosas, y las rosas son —afortunadamente y a despecho de los despreciadores de la poesía— bellamente frágiles, las ligaduras del amor pueden romperse. Si se rompen, es triste —siempre es triste no vivir en la bondad— pero bien rotas están, porque —valga la imagen— salir de paseo con un enemigo, es gusto incomprensible; mejor ir solo... Creo que, por muy vulgares que sean muchas vidas, todos, en este pobre y rico mundo, «tenemos algo que hacer».

---

57. Pedro de Novo y Colson was a historian, poet, playwright, sailor, and member of the Royal Spanish Academy and the Royal Academy of History.

Yo creo esto. Y muchas veces, ese «algo» puede ahogarse a manos de la forzosa continuidad del matrimonio.

Me encanta la libertad —*¿quién no ama al día?* —dijo Núñez de Arce de ella; y el divorcio es alguna vez desenfadado ditirambo[58] a la libertad. Si dos corazones se odian o cortésmente se repudian, hacen bien en separarse; cada uno, solo, podrá tal vez adornar mejor sus días que en colaboración equívoca. Veo en este acto sinceridad —el odio que es sincero tiene la nobleza de serlo—. ¿Y no es una hipocresía antipática que vivan juntos los que se odian o mal se quieren? No, no; nada de hipocresías. Es preferible que el corazón diga sus verdades, y con ellas los hechos sociales ganarán en claridad.

Amémonos hoy. Si mañana nos aborrecemos, separémonos. Pero amémonos bien, para no tener que separarnos, y es lo mejor…

Es de usted, Colombine, humilde compañero y lector,

J. ORTIZ DE PINEDO.[59]

Señora Colombine:

Llegó su orden, amiga mía, porque como órdenes consideran los caballeros los ruegos de las mujeres discretas, en los momentos en que yo estaba terminando la lectura

---

58. Among other things, a dithyramb is an ancient Greek hymn, especially one in praise to Dionysus. The Spanish word *ditirambo* also means exaggerated or excessive praise.

59. José Ortiz de Pinedo wrote poetry, prose, and drama with a leftist bent.

de un excelente libro del académico Sr. Beltrán y Rózpide, titulado *Los pueblos Hispano-Americanos en el siglo XX*, obra que aún perfuma mi despacho con el sugestivo olor que despide la tinta de imprenta, cuando las blancas hojas acaban de salir de la máquina, engalanadas con las flores del pensamiento.

En las cosas de América pongo yo todos mis sentidos, y por eso mi cabeza, ya de suyo débil, anda de ordinario embarullada con preocupaciones de *allende los mares*, como diría cualquier académico trasnochado, y apenas puedo atisbar nada que a otros asuntos se refiera.

Mas he aquí que, para todo sirven las matemáticas, como diría el boticario del cuento, estudiando lo que al continente *colombino*[60] se refiere, salta de pronto ante mis ojos la cuestión del divorcio.

Analiza el Sr. Beltrán algo que a la República Argentina se refiere, y dice:

«Entre los asuntos de orden interior a la vida social y política de la República, los que mayor interés ofrecen en estos últimos años, o sea en los primeros del actual siglo, han sido y son el proyecto de ley de divorcio, los fraudes electorales y la próxima renovación de Presidente.

»Presentó el proyecto de divorcio el diputado Olivera. Las damas argentinas celebran varias reuniones en son de protesta contra la proyectada reforma, y se hallaban muy decididas a hacer uso de todos los medios legales para defender la indisolubilidad del lazo matrimonial. En cambio, en el Centro socialista femenino, se daban

---

60. Referring to the Americas.

conferencias públicas a favor del divorcio; las mujeres llenaban el salón y aplaudían y aguantaban discursos como el de un orador italiano, que estuvo hablando desde las ocho hasta las doce de la noche.

»Muy apasionados los ánimos, casi por asalto entraba el público en el Congreso, ávido de escuchar todo cuanto se decía en pro y en contra de la indisolubilidad del matrimonio. En la Cámara, la opinión estaba muy dividida, y el resultado era dudoso; amigos y adversarios del divorcio extremaron sus esfuerzos para conseguir el triunfo; pronunciáronse buenos discursos, y cuando llegó el momento de votar, sólo por dos sufragios (50 contra 48), quedó desechado el proyecto.»

Para anticipar mi opinión diré que si yo hubiera sido diputado en la Argentina, al tratarse del referido proyecto, voto con la mayoría; y eso que allí las cosas no están como en España; allí la opinión pública, compuesta de emigrados de todo el mundo, formada por gentes de ideas radicalísimas y de un modernismo social, que camina en automóvil y produce vértigo; allí la opinión, repito, sugestiona y trastorna hasta los más prudentes.

Entre nosotros el problema del divorcio aún será de siglos, y no debe pesarnos, porque quizá cuando se aproxime la solución, ya en otras partes se arrepientan de lo hecho, ya habremos progresado en perfecciones de la familia, en el mejoramiento del hogar y de la sociedad en general, y estaremos preparados para resistir ensayos peligrosos.

Muchas, muchísimas toneladas de papel se han escrito sobre la conveniencia e inconveniencia del divorcio, y creo que estamos hoy como ayer.

Las injusticias cometidas con la mujer, la desigualdad entre ella y el hombre, la tortura de una vida llena de males y dolores, las desgracias de los hijos, el hogar profanado, la virtud comprometida, la fuerza y el dinero triunfantes; todo esto y más, sale a relucir en libros y periódicos, en dramas y comedias, en discursos y peroraciones.

Y sin embargo, ¿se ha hecho luz? ¿Hay siquiera inclinaciones decisivas por parte de la sociedad en general? Yo, lo digo con franqueza, creo que estamos al principio del principio. Naquet, el autor del proyecto de ley tan discutido en la Cámara francesa; Naquet, que ha estudiado mucho y que es hombre de energía y convicciones, se ha sentido vacilar, ha meditado y se ha arrepentido al fin.

¿Qué harán, pues, los que toman el asunto como esgrima de la imaginación y pasatiempo en el *meeting*?

Un matrimonio desavenido es un infierno, ciertamente, si no interviene Dios, a ruegos de la mujer casi siempre, y también algunas veces a súplicas del hombre.

Recuerdo bien lo que leí en la *Vida de Santa Mónica*, de Monseñor Bougaud:

«Nada más triste que la primera temporada de una unión inconveniente; cada día se desvanece un ensueño, y las ilusiones desaparecen una a una como las hojas de los árboles en días de otoño. Se descubre la desigualdad y oposición de carácter, las diferencias en el modo de ver las cosas, y llega, por último, la durísima realidad; y si la

85

fe, el amor y la reflexión no nos ayudaran, caeríamos en la postración, nos dominaría el desaliento y desaparecería para siempre la esperanza.»

El retrato es tan triste como exactísimo; pero la medalla tiene su reverso, y en el caso de que se trata, en ese reverso está dibujada la divina figura de la madre de San Agustín, a quien a pesar del hastío y el despego que le causaban a su esposo Patricio sus oraciones, sus obras de caridad y su dulzura, ella conservó siempre la paz del alma, dirigió a su hijo al bien y a la gloria, y llegó a sentir amor hacia aquel que la despreciaba, y llenando su vida con esperanzas y anhelos de mayores bienes, pasó por la tierra sonriente y tranquila.

Hay que convenir en que lo más perfecto hasta ahora, en reglas sobre el matrimonio, la separación y el divorcio, ha sido el Cristianismo y el derecho canónico nacido en sus fuentes:

El hombre dejará a su padre y a su madre y se unirá a su esposa y serán dos en una carne. Que el hombre no separe lo que Dios unió.

¡Dios siempre al frente!

Si se quiere que el matrimonio pierda lo que le atribuyen todos, de inspiración, y se convierta en simple convenio, en compraventa como la de una pareja de animales, entonces, ¡ah, entonces!, no hay que discutir; atengámonos al contrato.

Creo que la religión cristiana planteó los problemas que discutimos de un modo claro. ¿No queremos que Cristo intervenga? Pues entonces, al caos.

Al abandonar la religión, al prescindir de ella, no sabemos a dónde dirigirnos para regular la vida matrimonial; mejor será tomar el partido de vivir sin norma de conducta ni trabas; que corran los años; que nuestra vida se acerque a su término fatal sin guía para lo presente, sin luz para lo porvenir, y cerrando los ojos, nos arrojemos al mar proceloso sin orillas, al abismo sin fondo.

¡Qué observación tan indiscutible la siguiente, que no recuerdo quién ha sido el primero en hacerla! Cuanto más sostengan el hombre y la mujer correspondencia viva entre sus ojos; cuanto más repriman, él sus hábitos de libertad masculina y ella sus encantos de coquetería femenil, más firmeza tendrán en su cariño mutuo, mayores serán las delicias del matrimonio, más fuertes y más suaves, a la par, los dulces lazos que los unan; y el amor crecerá, se dignificará y ennoblecerá de día en día, sin que jamás se inicie el deseo del divorcio.

El amor y el deber, unidos estrechamente, son la solución de este problema que tanto preocupa.

Deber, divino hermano del trabajo, como repite Legouvé; deber, Dios de las almas fuertes, salvador de los débiles, consejero permanente, consuelo de toda hora, única norma fija en medio de esos mundos que pasan y cambian, no es posible invocar tu nombre sin saludarte doblando la cabeza... deber, deber, que eres uno de los mayores y eternos contrapesos de la humanidad, tú eres contrario al divorcio.

Para el deber, la riqueza es obligación que impone sacrificio; la pobreza, consoladora enseñanza; el poder, carga; la libertad, freno; el amor, el verdadero amor, la vida infinita en eterno contacto con Dios, que no consiente separaciones radicales, que no consiente los divorcios que rompan la armonía de la creación.

Si el divorcio absoluto existiese en toda la tierra y la ley no le encerrase en fuerte y estrechísimo círculo, el mundo sería la tremenda antesala del más espantoso y no imaginado infierno.

JESÚS PANDO Y VALLE.[61]

Señora Colombine:

Muy señora mía y de mi aprecio: No contesté a usted porque no tengo opinión alguna sobre el divorcio, y por lo tanto no me es posible emitirla. Necesitaría dedicarme a estudiar esa cuestión, y no dispongo de tiempo. Para que no parezca descortesía el insistir en mi silencio respondo a usted, y celebro esta ocasión de saludarla, quedando de usted afectísima s. s. q. b. s. m.

EMILIA PARDO BAZÁN.[62]

---

61. Jesús Pando y Valle was an Asturian journalist, poet, and writer who held positions in various government ministries.

62. Emilia Pardo Bazán y de la Rúa-Figueroa was born into an affluent family in Galicia and was a countess. She became a renowned novelist, literary critic, playwright, and professor and was an important early feminist and champion of women's rights. In 1906, she became the first woman to head the literature section of the Ateneo of Madrid. She is best known for her novel *Los pazos de Ulloa* (1886) and short stories such as "Las medias rojas" (1887).

El amor de los que perfectamente se aman no aumenta porque se casen ni disminuye porque dejen de hacerlo, y los que no se quieren no han menester del divorcio para separarse.

Los que no hallaron la felicidad en el matrimonio tienen derecho a procurarla fuera de él, y más vale que la busquen a la sombra de la ley que no en las sombras del delito.

Ni las religiones ni los Códigos podrán nunca evitar que quien al casarse fue engañado, o se engañó, busque amor o ilusión de amor nuevo.

Los hijos de los que se divorcian no pueden ser más desdichados que los de aquellos que viven engañándose; y es preferible tener por padres a quienes confesaron haberse equivocado, que no a los que se hicieron traición.

El divorcio es más favorable a la mujer que al hombre, porque para ella son mayores los inconvenientes del matrimonio.

Mientras el matrimonio no esté al alcance de todas las fortunas, el adulterio será la sopa boba del amor.

JACINTO OCTAVIO PICÓN.[63]

63. Jacinto Octavio Picón Bouchet was a writer, painter, art critic, and journalist who wrote in the style of costumbrismo.

Amiga Colombine:

Mis muchas ocupaciones tienen en parte la culpa de que no haya contestado antes a su carta-petición, y en parte la tiene también la índole misma de la pregunta que me formula. Poquísimas veces he pensado yo en ese pleito del divorcio; pero cuando lo hice surgieron tantas variadas reflexiones en mi cabeza, que preferí dejarlo, por entender que nada me inducía a enfrascarme en sus discursos. La religión, la moral evolucionista, la fisiología humana, la patología, la experiencia de la vida..., etc., etc., se alzaron muy pronto como informantes en mis reflexiones, y viendo que cada uno traía su contingente de datos y razonamientos, me dije: ¿Y quién me ordena meterme en este negocio?

Sin embargo, como en todo lo que atañe a los humanos destinos tengo la idea fundamental de que uno de los empeños más firmes, más invariables y más beneficiosos del progreso es ir arrancando de la vida misérrima de la criatura ese maldito anatema de «No hay redención posible», «Ya no hay remedio», que solamente debe quedar reducido para la fatalidad de la muerte, y porque creo que todos los fuertes dolores deben tener su calmante; todas las desesperaciones su esperanza; todas las condenas su indulto; todos los desaciertos su corrección y todas las afinidades su encuentro, admito el divorcio, ya que puede ser muchas veces medicina, renacimiento, enmienda y redención que impidan el crimen, la locura o la anulación absoluta del ser humano.

La humanidad irá restando sus fatales ligaduras para ver si reduce sus graves sufrimientos. Más pronto o más tarde, el divorcio será uno de tantos remedios indiscutibles de la terapéutica social, al cual acudirán los necesitados.

Así lo cree su afectísimo q. s. p. b.,

ÁNGEL PULIDO.[64]

Señora Colombine:

Mi buena amiga: El divorcio es una contemporización y un paliativo. El único, el grande remedio sería destruir la familia actual, destruir su organización y raer de nuestro pensamiento el concepto que tenemos de ella...; dueño y señor el padre, sierva la hembra, propiedad de ambos los hijos, a los que hacemos católicos o protestantes, sugerimos nuestros mismos defectos y zurramos lindamente para perfeccionarlos en los senderos de la virtud.

Así, yo no he meditado seriamente en el divorcio; yo no he formado juicio sobre el divorcio, y no podría enviarle dos líneas más hablando de ello sin descubrir la vacuidad y superficialidad de mis razones; pero, amiga Colombine, yo tengo un libro terrible sobre el divorcio y se lo envío y se lo regalo.

---

64. Ángel Pulido Fernández was a doctor and politician. In 1904 he took up the cause of Filosefardismo, a movement seeking to establish the rights of Sephardic Jews, whose ancestors were expelled from Spain during the Inquisition.

Este libro, publicado en Londres en 1769, fue prohibido por la Inquisición, con censura de primera clase, y yo lo he visto en el Expurgatorio[65] marcado con la trágica manecilla, que, con su dedo airadamente extendido, parece decirnos: «*¡He ahí la abominación!*» Este libro, vedado aun para los que gozaban autorización de leer libros prohibidos, va precedido del «grito de un hombre honrado que se cree autorizado por derecho natural y divino a repudiar a su mujer», y yo he leído este grito y le aseguro a usted, amiga Colombine, que es terrible ver a un hombre en el trance de gritar de ese modo.

Luego este libro tiene una *Legislación del divorcio*, en cuyo preámbulo se dicen muchas cosas de sustancia y tino, y acaba con *El divorcio reclamado por la Condesa de X****.

Todo ello anónimo, todo ello escrito a mediados del siglo xviii, en aquel encanallamiento moral de Europa que precedió a la Revolución francesa. No hay que decir más para que usted advierta intensamente cómo este libro es un libro de dolor, de desesperación, de enorme e infinito desconsuelo. Este libro, además, es una joya bibliográfica. No está en la Biblioteca Nacional; no lo he visto citado en ningún catálogo de librería. No crea usted que procuro con esto encarecer la valía del regalo; a mí no me costó más de un real en un tenderete del Rastro; lo que quiero es que usted contraiga el compromiso de traducirnos ese libro y publicarlo.

Es un libro terrible. Le juro a usted que si lo leo antes de casarme no me caso. Afortunadamente, el grito de ese

---

65. A catalog of books prohibited by the Catholic Church.

hombre honrado y el gemir y lloriquear de esa misteriosa Condesa llegaron a mis oídos cuando llevaba ya varios años uncido a la respetable y veneranda reata de maridos, base y sustento de la sociedad, amparo de la moral, defensa de la virtud, escudo de la inocencia, guarda de la infancia, espejo del honor, eje de la familia y motor único de la civilización. Indudablemente es una grande y admirable cosa ser marido, porque puede uno gozar toda la vida el dulce entretenimiento de envidiar a los que no lo son.

En este soliloquio encontrará usted siempre, siempre, siempre, a su rendido servidor y apasionado

DIONISIO PÉREZ.[66]

Amiga Colombine:

Mi modesta opinión poco puede significar en el debate sobre el divorcio, tan oportunamente iniciado por usted. El asunto es complejo y nuestra sociedad mojigata; lo admirable sería examinar la cuestión desde el punto de vista fisiológico, sin mezclar para nada el problema religioso.

En nuestra *Recopilación de las leyes* hay una promulgada el año 1385 por Don Alfonso, en Segovia, que dice:

«Toda mujer que fuere desposada por palabras de presente con hombre que sea de catorce años cumplidos, y

---

66. Dionisio Pérez Gutiérrez was a writer, journalist, and politician who often wrote about Spanish cuisine.

ella de doce años acabados, e hiciese adulterio, si el esposo los hallare en uno, *que los pueda matar, si quisiere ambos a dos; así que no pueda matar al uno y dejar al otro, pudiéndolos a ambos a dos matar.*»

Esta concepción brutal y despiadada del matrimonio se manifiesta con frecuencia en la moderna sociedad española; es el atavismo que persiste, alimentado por una educación que relega el desarrollo de la voluntad al último término.

La sangre semita, hebrea o árabe de nuestros antecesores, entra como factor interesante en las brutalidades del destino. Si el oriental oculta con salvaje egoísmo las numerosas esclavas de su harem, ¿qué no haremos nosotros por defender con rabioso celo la única mujer que nos corresponde?

Por otra parte, nadie ha resuelto todavía la cuestión de si el hombre es, naturalmente, monógamo o polígamo. Aunque un pudor hipócrita vele la verdad, ¿cuál es el individuo que, soltero o casado, no ha conocido más que una mujer?

La diferencia de caracteres es razón suficiente para romper un matrimonio, que sólo significa sacrificio diario y continua hostilidad de alfilerazos.

Pero, en regla general, el adulterio es la causa que se considera más grave, y ninguna ley humana ni divina puede autorizar que se prolongue la unión en esas condiciones…

Hay mujeres que sucumben fatalmente a los golpes del amor, sin que haya precedido a su caída ninguna de las complicidades tenebrosas, reveladoras de una pasión sensual. Son víctimas de una *sorpresa*, tan inesperada como un temblor de tierra.

Es una prueba de la lentitud de nuestra marcha que aún estemos discutiendo esos problemas sombríos de la vida.

Al fin, señora Colombine, a usted le corresponde la honra de haber lanzado la semilla a los vientos de la publicidad; ¿germinará algún día? Esta esperanza no alienta sólo en los casados; también los solteros confiamos en que el progreso realizará su obra.

La vida se difunde, ramifica y extiende; es inútil detener su movimiento, y en la cadena de las filiaciones futuras, el esfuerzo de las ideas, como el esfuerzo de la materia, tienen su triunfo definitivo.

JOSÉ PÉREZ GUERRERO.[67]

Amiga Colombine:

Cuando llegó a mis alabastrinas manos la invitación a tomar parte en este *pleito*, hallábame yo divorciado de mi buen humor; y como a la sazón estuvieran presentes Prisca Ruiz, la nodriza que crió al menor de mis hijos, y Vicentón *el Chupacharcos*,[68] casado con la misma como

---

67. José Pérez Guerrero was a journalist and intellectual involved in several of Madrid's minor newspapers and weekly kiosk publications.

68. Literally Vicentón the Puddle Slurper, a colorful way to describe a simpleton.

Dios manda, según malas lenguas, ocurrióseme invitarles a mi vez, para que ellos informaran en el asunto, y así me hablaron:

—Mire usted, señorito —dijo Vicentón, —yo no entiendo de divorcios; pero de no haber cumplido el refrán que dice «antes que te cases mira lo que haces», pa mí que los cónyuges mal aveníos deben chincharse y vivir toa la vida el uno pa el otro, o mejor dicho, pa la otra.

—Tié razón éste— añadió el ama (si no seca, muy próxima a la desecación). —O no casarse, que es lo más cuerdo, o cargar con la cadena perpetua y... afilarse pa toa la vida.

—¿De modo —pregunté a Vicentón —que si tu Prisca te faltase...?

—La rompería lo que pillase más a mano —contestó el hombre.

—¿Pero seguirías viviendo con ella?

—¿Yo? ¡Cá! Me iría con otra. ¡Antes que con ella con un cabo de Seguridad!

—¿Y cómo dices eso, si antes condenabas el divorcio?

—¡Toma! Me refería al de los demás. Porque... sépalo usté, señorito: esta y yo no estamos casaos entavía, ni querrá Dios que nos casemos por la Iglesia en jamás.

Lo cual probará, ilustre Colombine, que muchos *vivos* se dejan de *combinaciones* conyugales para andar por el mundo; y es claro, faltando la causa originaria, o sea el matrimonio, les importa el divorcio tres pepinos.

Ahora, por mi cuenta le diré que voto en favor del divorcio. Pero con estas condiciones: si el hombre es el que falta, debe establecerse la libertad legal de los cónyuges para contraer nupcias, y debe señalarse además para el marido una pensión, procedente del trabajo de la mujer; mas si es ella la culpable, el hombre debe asesinarla sin contemplaciones de ninguna especie. Con esto se conseguiría, por regla general, la separación de los esposos y la libertad del superviviente.

En caso de haber hijos, la cuestión se hace más delicada, y creo que si los padres los quieren de veras, la víspera del divorcio, a la caída de la tarde, deben asesinarlos también. Es una solución que tiende a la simplificación de las familias y a la evitación de amarguras ulteriores.

Tal es, sugestiva Colombine, el luminoso informe que puedo enviarle, no inspirado, como el de otros, en el parecer de autores extranjeros, sino surgido espontáneamente de esta miaja de cerebro que pongo a su disposición.

Siempre suyo afectísimo amigo,

JUAN PÉREZ ZÚÑIGA.[69]

Señora Colombine:

Muy señora mía: Como muchos, también me veo acometida del deseo de dar mi opinión en la cuestión del divorcio.

---

69. Juan Pérez Zúñiga was a prolific writer, journalist, playwright, and humorist.

Es indudable que debe ponerse remedio y evitar los matrimonios desgraciados; pero, a mi juicio, antes que la aprobación del divorcio, debe procurarse que los contrayentes vayan al matrimonio espontáneamente, por su voluntad, haciendo desaparecer el consentimiento y consejo paterno, la potestad en los padres de mejorar en su herencia a unos hijos en perjuicio de otros y la administración legal del marido de los bienes de la mujer.

Tengo la certidumbre de que esta reforma había de dar mucho mejores resultados que el divorcio.

CONSUELO DE REY.[70]

Señora Colombine:

En contestación a su grata del 18 del corriente, sólo puedo manifestarle que mi opinión es contraria al establecimiento del divorcio en España.

FRANCISCO ROMERO ROBLEDO.[71]

---

70. Consuelo de Rey y Fernández was the first teacher and director of Valencia's municipal music school for young girls, the Instituto Músico Público, which was created in 1868 as the first center to offer music studies to the public, including to families that could not otherwise afford them.

71. Francisco Romero Robledo was a politician who opposed the abolition of slavery in the Spanish colonies of Puerto Rico and Cuba.

Señora Colombine:

Muy distinguida y siempre admirable y admirada amiga mía: Tarde, excesivamente tarde, acudo a la para mí halagüeña invitación de usted; la aseguro que no soy culpable de pereza, ni mucho menos de descortesía; circunstancias con cuyo relato no he de mortificar a usted temeroso de llegar tarde y con daño, pero que han sido más poderosas que mi firme voluntad de atender pronto al requerimiento de tan estimada compañera, impidiéronme hasta hoy decir a usted, ya que por lo visto desea saberlo, lo que opino acerca del divorcio.

Mi opinión (pobre y desautorizada por ser mía) está expuesta en pocas palabras: soy resuelta, decidida y absolutamente opuesto al divorcio.

Y no porque sea yo partidario de la indisolubilidad del matrimonio, sino porque éste me parece mal como Sacramento y como contrato.

Muy cerca de diez años han transcurrido desde que dije, por boca de un personaje de comedia (porque también he perpetrado comedias, ¡vaya!, más de veinte):

«¿Qué es el divorcio?... Una antigualla; el progreso viajando en carreta; una puerta de escape del matrimonio; nosotros suprimimos el matrimonio y no necesitamos el divorcio para nada.»

Desde entonces acá, mi bondadosa amiga, no he cambiado de parecer; sigo creyendo hogaño lo que antaño creía.

Cada uno cuenta de la feria como le va en ella, dice un refrán muy conocido, y anticipándome a suposiciones de maliciosos, considero del caso declarar que estoy casado civilmente y religiosamente hace bastantes años, y que si para esto del matrimonio existiese la confirmación, nuevamente me casaría con la que es hoy mi mujer; y me casaría por lo civil, por lo religioso y hasta por lo militar, si eso se estilaba. ¿Qué hay contradicción palmaria entre mi opinión y mis obras?

Ya lo creo que la hay.

Como que nuestra vida es solo una serie continuada de contradicciones.

Yo, enemigo cordialísimo y sincero de poderes inamovibles e irresponsables, contribuyo al sostenimiento de funcionarios irresponsables e inamovibles.

El republicano más empedernido no da un solo paso en la vida social, ni aun en la privada, sin aceptar de hecho la monarquía. En nombre del monarca le hacen justicia, cuando quieren hacérsela los tribunales, y de Real orden le resuelven y despachan cuantos negocios tiene a resolución y a despacho.

Basta de esto; porque lo relativo a mi vida privada y a mis domésticas satisfacciones, sólo para mí y para mi familia es interesante.

Aquellas palabras de Boileau, que desde hace muy cerca de dos siglos y medio tantas veces se han repetido:

Chassez le natural, il revient au galop, más que regla de preceptista literario es máxima de legislador.[72]

---

72. A French proverb meaning "a leopard cannot change its spots" (literally, "if you try to chase away your natural [character], it will come back galloping").

Hacer del matrimonio un contrato es verdadera profanación, y es, a más de esto, una temeridad.

¡Y así sale ello!

Podrá haber esposos fieles a sus esposas, sí, señor; podrá haberlos, pero qué contados son, caso de que los haya.

De las esposas no quiero hablar por consideración al sexo.

Pero, ¿digo algo que no sepamos todos si afirmo que en las grandes capitales, lo mismo que en las poblaciones pequeñas, existe de hecho, a ciencia y paciencia de todo el mundo, la poligamia y aun la poliandria?

Pues eso es; la ley y las costumbres pretendieron prescindir de la Naturaleza, y la Naturaleza vuelve por sus fueros.

Y...

Temo, estimada amiga, que continuando por este camino voy a escurrirme, porque el terreno es resbaladizo y escabrosa la materia. Ya sabe usted lo que opino sobre el divorcio; sepa también que es muy amigo de usted y admirador s. s. q. l. b. l. p.,

A. SÁNCHEZ PÉREZ.[73]

Señora Colombine:

Muy señora mía: Recibí su carta y con mucho gusto complacería sus deseos enviándole algún artículo para su

---

73. Antonio Sánchez Pérez was a journalist, writer, and politician.

«Diario», si no mediaran las especiales circunstancias en que me encuentro, y que me imponen como regla de elemental discreción ocupar lo menos posible a la prensa con mi nombre.

Quedo de usted atento s. s. q. s. p. b.,

FRANCISCO SILVELA.[74]

Señora Colombine:

Muy señora mía: Me pregunta usted por el divorcio, y contesto:

Que soy soltero y que, hoy por hoy, aspiro al matrimonio. ¿Cómo aspirar al divorcio?

Si quiere usted preguntarme sobre mis opiniones jurídico sociales, etc., etc., le diré que soy partidario del divorcio.

De tal modo, que no pasará mucho tiempo sin que presente yo en las Cortes un proyecto para que se divorcien todos los diputados que así lo deseen, si antes desean aprobarla ley.

Me parece el amor, en muchos casos, un estado pasajero, un relámpago... y no es cosa de condenar eternamente a los hombres y aun a las mujeres, a las consecuencias del arrebato. Contra los incendios hay bombas y

---

74. Francisco Silvela y de Le Vielleuze was a politician who held positions in various ministries. In 1903 he became president of the Council of Ministers and was later succeeded by Antonio Maura.

compañías aseguradoras. Contra el incendio de Cupido debe haber una *Equitativa*[75] que sea la *ley del divorcio*.

Mucho más en España, donde las *casamenteras* y los *matrimonios feudales de conveniencia*, abundan que es un gusto... o un disgusto.

Y donde los hijos de Loyola *celestinean* que es un placer, acuñando el amor en el troquel de las monedas...

El lecho común, jardín del amor, no debe convertirse en abismo del odio.

No hay ley natural, ni humana, ni divina, que condene el voluble delito de *flirtear* a la eterna pena del matrimonio forzado, con accesorias y costas...

Me preguntará usted por los *hijos*, etc., etc., ¡Ah! Eso es cosa que yo, soltero, no puedo resolver.

Lo que sí digo es que no hay ley, ni costumbre, ni tradición, que puedan imponer *la unión legal de dos seres separados por el divorcio de dos corazones*. Y ante tan monstruoso atropello el divorcio se impone.

Esto, sin hablar del *tue-la* y otras zarandajas a lo Dumas, que yo resuelvo con la hoja toledana del antiguo teatro Español.

Cayeron las argollas del esclavo, nacieron los derechos del hombre; ¿por qué no han de brotar las reivindicaciones de las almas esclavas, de los corazones sedientos de justicia y de verdadero amor?

El amor, lo más grande y fecundo de la vida, no puede ser esclavo y necesita la expansión del divorcio... *justificado*.

---

75. A life insurance company, a branch of the Equitable Life Assurance Society of the United Kingdom.

Y si me pregunta usted mi opinión sobre el *divorcio en general*, le diré que

me gustan todas,

me gustan todas

en general,

(no hablo de Linares[76]), y que el divorcio para mí es cosa resuelta.

Estoy divorciado de los monárquicos.

Divorciado de algunos republicanos.

Divorciado de la rutina.

Divorciado de la estupidez parlamentaria y de todo aquello de «S. S. que es tan elocuente», etc., etc.

Divorciado del clero, si no del culto...

Divorciado del *sanchopanzismo* español, agarbanzado, vulgar y ordinario.

Divorciado de todo.

De todo, sí, menos de mi familia y de una valencianita que se asoma al balcón entre rayos de sol y perfumes de claveles, y que tiene unos ojos negros capaces de uncir para siempre al propio Alfredo Naquet en la coyunda del matrimonio.

RODRIGO SORIANO.[77]

76. A town in Andalusia.

77. Rodrigo Soriano Barroeta-Aldamar was a republican politician, diplomat, and journalist known for his intense rivalries with Vicente Blasco Ibáñez and Alejandro Lerroux. He also dueled with three important military officers, including Primo de Rivera, who later became Spain's dictator.

Un rayo que destruya, un terremoto que derrumbe, ni que destruyan o derrumben un edificio vetusto y cuarteado, me han causado siempre horror, como horror me causa el divorcio, que, por un exceso de amor propio, o por la cosa más baladí, puede, en un momento de histérica e irreflexiva excitación, arrasar un palacio de doradas ilusiones levantado por el amor en muchos años de constancia, cariño y estimación. Sin el soplo huracanado del divorcio, aunque el palacio amenazara ruina, cuando agotados sus esfuerzos se convencieran que reedificarlo no es posible, podrían aún vivir felices, puesto que para colgar un nido basta un árbol frondoso o la hendidura de una roca. Sólo para los que en esto vean humillación y vergüenza, en vez de virtud y abnegación, sólo para éstos la ley del divorcio es plausible, puesto que si no la hubiera tendría que dictarse para ellos a fin de evitar un mal mayor.

RAMÓN SURIÑACH BAELL.[78]

Señora Colombine:

Debo empezar por confesarle que, a pesar de ser casado, o tal vez por ello mismo, no ha logrado nunca interesarme la cuestión del divorcio ni he llegado a formarme opinión propia sobre ella. Lo último que acerca de esa cuestión he leído —que nunca ha sido mucho— fue la discusión habida en el Parlamento de la República Argentina,

---

78. Ramon Suriñach Baell was a Catalan playwright and poet.

y me interesó mucho más que el fondo mismo de la cuestión la gallardía de frase, la riqueza de cultura, la elevación de tono que allí se nota y que da una excelente idea de aquel Parlamento.

Me pasa con eso del divorcio lo mismo que con las novelas de adulterio: muy rara vez logran interesarme. Todo lo referente a las relaciones entre uno y otro sexo lo he visto siempre como subordinado a problemas de otra índole. De aquí que el feminismo me llame muy poco la atención, considerando que algunas de las cuestiones que plantea lo son de organización y reglamentación del trabajo y otras de cultura general. La mayor parte de los males de que las mujeres se quejan son males de que padecemos también los hombres.

Por lo que hace más especialmente al divorcio, nunca he podido ver la familia como una mera unión de marido y mujer, sino que aparte, y aun además de los hijos, creo que lleva relación con la sociedad en general, que es una institución social y no un mero contrato entre los cónyuges.

Y pudiera ser que el divorcio trajese mayores males a la vida social que no esa sujeción de los que se casan a algo superior a ellos y a la familia que forman.

Creo, además, que el divorcio es un arma contra la mujer.

Comprendo muy bien que se combata el matrimonio en cuanto Sacramento religioso o contrato legalizado civilmente, y se propague la libre unión de hombre y mujer; pero me explico mal que se trate de desnaturalizarlo. «O herrar, o quitar el banco».

Como verá, mis opiniones a este respecto son de las más tímidas, de las más atrasadas, de las más aburguesadas y de las menos innovadoras que cabe. Lo reconozco; pero no he conseguido hacerme otras.

Queda suyo afectísimo,

MIGUEL DE UNAMUNO.[79]

Señora Colombine:

Siento no poder corresponder a la indicación que me hace en su apreciable carta, por las infinitas ocupaciones que me rodean.

Aprovecho gustoso esta ocasión para ofrecerle el testimonio de mi consideración y aprecio.

ANTONIO AGUILAR Y CORREA,[80]
Marqués de la Vega de Armijo.

Señora Colombine:

Muy señora mía: La alteración que he experimentado en mi salud, interrumpiendo todos mis trabajos, me ha impedido contestar a su amable carta, y ha hecho, acaso,

---

79. Miguel de Unamuno y Jugo was an important Spanish novelist, poet, playwright, and philosopher who generally espoused liberalism.

80. Antonio Aguilar y Correa was a politician and president of the Council of Ministers from 1906 to 1907.

que no sea ya oportuna la opinión que usted se servía pedirme. Es con la mayor consideración de usted atento s. s. q. b. s. p.,

R. VILLAVERDE.[81]

Alrededor del divorcio

El matrimonio es, quizás, el único camino de relativa felicidad que existe en la tierra.

Las ventajas de ese estado, ¿quién, si las conoce, dejará de ensalzarlas?

Tener siempre a nuestro lado un entendimiento que nos comprenda, un corazón que lata al unísono del nuestro, un amigo desinteresado que participe de nuestras alegrías o que en las horas de dolor llore con nosotros; hacer de dos vidas una sola vida; luchar juntos en la edad del vigor y de la fuerza; descansar, juntos también, cuando llega la vejez; dormir luego para siempre bajo la misma losa y a la sombra de la misma cruz... ¿no es todo esto el porvenir más sereno y más hermoso que pueden apetecer los enamorados?

Aun creo yo que estando al lado del ser a quien amamos, hasta el mismo infierno debe parecernos lugar de venturas. No debe considerarse como desgraciado el que

81. Raimundo Fernández Villaverde was a politician who held various positions within the government of Alfonso XIII.

puede decir, como Francesca de Rímini: *Questi che mai da me non fia diviso.*[82]

Basado el matrimonio en tales fundamentos y enlazados los cónyuges por esos lazos, poco importaría que existiese o no existiese el divorcio.

Pero no siempre es verdad tanta belleza. Acontece —y con demasiada frecuencia— que el matrimonio nace de una doble mentira. Un joven y una muchacha casadera se ven y se gustan mutuamente: surge a continuación el noviazgo. Los padres, atentos a lo que creen conveniencia, y no suele ser más que el aspecto económico de la proyectada unión, dejan hacer. El novio tiene veinticinco años; la novia, veinte. No conocen la vida, no se conocen mutuamente; quizás él confunde el amor con el deseo; quizás no ve ella en su boda más que el triunfo de su vanidad... Sin embargo, llega el día de los desposorios, y se comprometen a vivir unidos con lazo inquebrantable hasta el instante de la muerte.

El desengaño suele llegar pronto. La linda mujer, que en visita parecía adorable, es en el hogar una mujer irresistible. El enamorado y gentil caballero, que cuando novio parecía un bendito, truécase en su casa en un hombre brutal, o grosero, o impertinente, o todo ello en una pieza. Y, lo que es más triste, uno y otro ven que no se aman. La equivocación es palmaria; pero el mal no tiene

82. From Dante's *Inferno* 5.135: "This one, who ne'er from me shall be divided"; translation by Henry Wadsworth Longfellow, 1867; *Dante Lab Reader*, Dartmouth College, dantelab.dartmouth.edu/reader.

ya remedio. Del matrimonio puede decirse, en muchos casos, que es la celada en que caemos.

Desque vemos el engaño
y queremos dar la vuelta,
no hay lugar.

—

Pero esas equivocaciones, aunque sin posible enmienda, son, como suele decirse, tortas y pan pintado en comparación de otras gravísimas desdichas acarreadas por la indisolubilidad del matrimonio.

Antes de pasar adelante, he de advertir que ninguna de las observaciones que sobre el divorcio se me ocurren, se refieren al matrimonio canónico.

En lo tocante al *sacramento*, con doctores cuenta la Santa Madre Iglesia, únicos que sobre tan grave asunto tienen la necesaria competencia.

Yo hablo aquí del matrimonio, considerándolo exclusivamente de tejas abajo.

Y, hecha esta salvedad, vuelvo a mi tema.

¡Cuántas veces un joven de esos que las madres califican de «un buen partido», fijándose sólo en el sueldo que gana o en la renta que tiene, lleva disueltos en su sangre los gérmenes de terribles enfermedades, adquiridas por el vicio! El caso de *Les avariés*[83] se repite con espantosa frecuencia. Muchos de esos hombres se casan, y cuando su infame engaño o su indisculpable ignorancia se descubren, la esposa,

---

83. A 1901 play by Eugène Brieux. It was banned for dealing with syphilis.

ya enferma o en peligro inminente de enfermar, no tiene más remedio, según la moral al uso, que resignarse a «llevar su cruz», y dar al mundo hijos de sangre podrida, condenados, como el Osvaldo de Ibsen,[84] a la imbecilidad y la locura, o en el mejor caso, a una existencia achacosa y valetudinaria. Si la mujer así traicionada se horroriza, no sólo ante su propia desgracia, sino ante la idea de ser madre de una prole miserable y vergonzosa, y se rebela contra tan absurda imposición, la cadena matrimonial inquebrantable la sujeta y la obliga a cometer un crimen, más espantoso que el de dar la muerte: el crimen de dar vidas que han de ser largos y repugnantes martirios.

Sucede también que el amor desaparece sin otra causa que la muerte misma del amor: el matrimonio se convierte entonces en «la soledad de dos en compañía»,[85] de que habló el poeta. En este caso, sobreviene el adulterio del hombre casi siempre; el de la mujer, algunas veces. Y aunque la traición conyugal no llegue a la práctica, ¿no se revolverá siempre un alma delicada ante la idea de dar o recibir besos que, con el pensamiento, van a parar a otra boca que aquella que se besa con la frialdad de un deber penoso?

¡Cuántos de estos males, de estas traiciones, de estos fingimientos y engaños se corregirían con el divorcio,

---

84. A character from *The Ghosts* (1882) who is believed to have inherited syphilis from his father (although it is now established that syphilis is not transmitted this way).

85. From Ramón de Campoamor, *Las tres cosas: Dichas sin nombre (Pequeños poemas)*, Francisco Álvarez, 1886, p. 7.

reconociéndose así la soberanía absoluta del amor, único lazo que de hecho une las almas!

—

«¡Oh! ¿Y los hijos?», exclaman, parapetándose en su última trinchera, los enemigos del divorcio. «Por ellos —siguen diciendo— es menester que el matrimonio sea indisoluble. ¿Qué culpa tienen ellos del antagonismo de sus padres? Si los padres se separan, ¿cuál será la suerte de los hijos?»

Aparte de que lo referente a la prole ha sido ya previsto por la ley en los países en que existe el divorcio, no debe desconocerse que la situación de los hijos en un matrimonio dislocado por cualquier causa, es mucho peor que la que crea para ellos el divorcio de los padres.

La casa donde reinan la traición y la mentira, donde no existe el cariño y las reyertas se suceden, ¿puede servir de centro educador de los hijos? ¿Podrán arraigar en ellos el amor y el respeto a los padres, viendo la hostilidad en que estos viven, su mutua desconfianza, su recíproco menosprecio? Pocas escenas recuerdo más tremendas que aquella escena de la novela *Pequeñeces*,[86] en que los hijos de Currita Albornoz ven, escondidos, cómo *adornan* los adúlteros el retrato de Villamelón, pintándole en la frente el signo villano de su infamia... Cualquiera que fuera la suerte de aquellos niños, en el caso de divorciarse sus padres, ¿no sería mejor que la desilusión de sus más santos afectos y la corrupción de su inocencia?

—

---

86. *Pequeñeces* (1891), by Luis Coloma.

En rigor, para los hombres existe, si no el divorcio legal, cierta especie de divorcio, tolerado por las costumbres. Hipócrita o francamente, el marido desenamorado busca, y a veces encuentra en otra parte, el amor escapado de su hogar; mas a la mujer, cerrada la puerta de escape del divorcio, no le queda más que uno de dos caminos: o el sacrificio de toda su vida, o la infamia del adulterio.

ZEDA.[87]
(De *La Época*.)

Señora Colombine:

¿Una opinión más acerca del divorcio? ¡Ah, bella y discretísima amiga! Ni a usted ni a mí puede preocuparnos eso personalmente. No merecemos ser abandonados, así como así. En cuanto a los ya divorciados *de hecho*, ¿qué importa que la ley declare lo que la realidad ha pronunciado ya como irremediable?

¿Debe o no existir el divorcio? No lo sé; pero existe. Lo que hay es que no se puede decir, según la sesión xxiv del Concilio de Trento: «Si alguno dijere que no es indisoluble el matrimonio..., etc., etc..., *anathema sit*.»

Lo diremos, pues, en secreto. El divorcio ha existido siempre, divorcio de inteligencias, de sentimientos, de cuerpos y de almas. En no pocos lechos conyugales separa

---

87. Francisco Fernández Villegas, also known as Zeda, was a journalist, playwright, translator, theater critic, and fiction writer.

a los durmientes todo un mundo de repugnancias. Hoy, como ayer, la fidelidad sigue siendo prenda característica... ¿del hombre? No: del perro. Ahora, como en los tiempos de Diocleciano, es rara la tumba femenina donde es justo escribir *inclitæ, univiræ*.[88]

Mis trascendentalismos duermen el sueño de mis candores. ¿Cómo podré creer que las leyes han de tener otra realidad que la que puede prestarles la vida? La ley no hace sino declarar los hechos sociales. El divorcio es un hecho. Es, pues, conveniente declararlo. Antes que nuestras pudibundeces, está la soberana inmanencia de las cosas. Tenemos un Código que impide a los casados un nuevo ayuntamiento; sino que ese Código no se cumple. Enfrente del *homo nom separet*, está la ley suprema del amor, que por esencia y naturaleza es libre.

Me figuro el escándalo que esto producirá en la tartufería[89] militante. Por mi parte, el mandato de que todos los matrimonios se amen y permanezcan unidos en cuerpo y alma, me produce un efecto igual al que me causaría este bando de un químico: «Desde hoy no habrá afinidades electivas. La cal será siempre del ácido carbónico, y del sulfúrico la potasa.» Todo iría muy bien hasta que se pusieran en contacto los cuatro componentes.

---

88. *Inclitæ* is Latin for "illustrious women." *Univiræ* (from *unus* ["one"] and *vir* ["man"]) means "women who are monogamous for life." *Univiræ* originally referred to a select group of women, such as the wives of priests who worshipped Jupiter. It only came to mean monogamous women in general during the Christian period, well after the reign of Diocletian.

89. Main character from Molière's play *Tartuffe* (1664), whose name is synonymous with being a religious hypocrite.

«¿Qué será de los hijos, declarado el divorcio?», se pregunta en *El Dédalo*[90] madame Duval. La interrogación parece preocupar hondamente a todos los modernos dramaturgos franceses, empeñados, por otra parte, desde hace veinte años, en buscar disculpas al adulterio. ¿Qué será de los hijos? No parece, sino que ahora, para los hijos de los divorciados materialmente y sin sentencia, todos los problemas están resueltos. El marido ebrio, brutal, canalla, disipa sus bienes, abandona su educación, les tortura con la crueldad y les pervierte con el ejemplo. La adúltera, la imbécil, les olvida, les prostituye y les abandona. ¿Dónde hay mayor desgracia para un hijo que presenciar todos los días la lucha sorda de sus progenitores? ¿Dónde más grande y triste infortunio que adivinar en la mirada de los que le dieron el ser, el odio, la traición o la desesperación y la insoportable agonía? Queda la alimentación y el vestido. ¿Pero es que se lo niega alguna ley al romper ese ígneo torbellino, más odioso que el de Francesca y Paolo,[91] porque en él los condenados, en lugar de besarse, se muerden, se escupen y se despedazan?

Invocan los enemigos del divorcio la dignidad de la mujer. Pero son precisamente quienes pretenden dignificarla, sometiéndola a una bárbara esclavitud, los que la han declarado incapaz de toda función noble: del sacerdocio, de la magistratura, de la alta enseñanza, de la misma patria potestad, que sólo pudo darla la Revolución. La mujer es horror para el asceta, fuente de mal en las primitivas

---

90. A play by Paul Hervieu, which premiered in December 1903.
91. Francesca da Rimini and Paolo Malatesta, adulterers in Dante's *Inferno*.

ficciones, seducción y contagio para quien de su apartamiento hace su mejor voto. ¡Dignificar a la mujer! Sólo se dignifica emancipando, haciendo *suí juris*,[92] no sometiendo a eterna tutela, a constante censura y a sumisión y pasividad perdurable.

¡Triste defensa la de la ley que impide el divorcio para una mujer desdeñada, injuriada y abandonada por su consorte! Cuando una mujer digna no consigue retener a su lado al padre de sus hijos, debe desear que se vaya. Pero que se marche por siempre, a padecer la inquietud sin consuelo, el aislamiento en la muchedumbre, el bochorno de su propia incapacidad. Retenerle en el hogar, ¿para qué? ¿Para comentar la dolora y medir el espanto de la *soledad de dos en compañía*?[93] El hombre ofendido en su honor arteramente, lo mejor que hacer puede es separarse por siempre de quien no puede procurarle ternuras, ni consuelos, ni bondades, ni misericordias. Matar, es salvaje; perdonar, imposible. Los hijos no necesitan madres impuras.

El matrimonio indisoluble sería muy hermoso… si existiera. Es la primera oposición, la más íntima, la sexual, y en ella viven unidos varón y mujer como una individualidad superior para la realización de las funciones todas humanas. Aun así, hay un caso en que deben separarse las hojas de las tijeras de Franklin: cuando unidas no cortan.[94]

---

92. Latin for "of one's own right," roughly meaning autonomous or independent.

93. The quotation is the one by Ramón de Campoamor referenced in note 85.

94. Benjamin Franklin wrote, in a 1787 letter to a friend, "[A]fter all, wedlock is the natural state of man. A bachelor is not a complete human being.

Seamos sinceros: llevemos la costumbre a la ley; no pretendamos crear desde el trípode[95] universos ficticios. El divorcio existe; la ley necesita encauzarle. No nos horroricemos ante el peligro. Libres de romper sus compromisos o no, pocos hombres se sentirían con fuerzas para abandonar los tesoros que miran hoy indiferentes por la seguridad de la posesión. Ante el más ligero temor de perder el cariño de las mujeres que nos honraron y nos enaltecieron, uniendo a la nuestra su mano adorable, ¡cuántos rebeldes doblaríamos la rodilla!

Y de cada cien manumisos, noventa —no lo dude usted, ¡oh, alma grande!— volverían temblando al rincón amoroso y tibio, para gritar a la figura triste y melancólica: ¡Hada, mujer, madre, compañera! ¡La libertad eres tú!

Rogando a usted me ponga a los pies de la muy distinguida escritora Doña Carmen de Burgos Seguí, se le ofrece muy afectísimo admirador, que besa los suyos,

ANTONIO ZOZAYA.[96]
(De *El Liberal*.)

He is like the odd half of a pair of scissors, which has not yet found its fellow, and, therefore, is not even half so useful as they might be together"; *Memoirs of Benjamin Franklin; Written by Himself,* edited by Steven Gibbs and Richard J. Shiffer, vol. 2, Harper and Brothers, 1860; *Project Gutenberg,* 2012, www .gutenberg.org.

95. Referring to the three-legged bench used in antiquity for divination, such as the one used by the oracle of Delphi.

96. Antonio Zozaya You was a prolific journalist who wrote mostly for *El Liberal* and *La Libertad*. He was also a fiction writer and jurist and a founder of the Republican Left political party in 1934. After the Spanish Civil War, he fled to France, where his two daughters and daughters-in-law ended up in concentration camps. He fled to Mexico, where he died.

Segunda parte:
Opiniones de los lectores

Señora Colombine:

Muy respetable señora mía: En las «Lecturas para la mujer» que ha publicado el *Diario Universal*, leí una noticia mucho más sensacional que el artículo de Maeztu oponiéndose al centenario del *Quijote*, pero mucho más.*

Es esa noticia la que dice que se va a formar un Club de matrimonios mal avenidos para pedir el establecimiento del divorcio en España.

La idea me parece tan excelente, que siento el impulso de manifestar a usted que ¡por Dios! nos tenga al corriente a sus numerosas lectoras de cuanto se haga respecto al asunto, porque sé de algunas señoras que, con la cabeza muy levantada, irían a formar parte de esa Sociedad, para lograr lo que en otros países ha logrado la mujer, esto es, no verse tiranizada, no ya por un hombre, sino por algo que es peor, por un contrato, que, después de todo, no es otra cosa el matrimonio.

* Esta carta y la Crónica de D. Francisco Durante dieron origen al plebiscito.

Y, efectivamente, cuando ese contrato no puede realizarse *en todas sus partes*, porque uno de los *contratantes* no quiere o no puede realizarlo, ¿qué queda entre los dos? Una vida de amargura sin fin, que pudiera tener remedio en otra unión, con la que se llenarían los fines de la existencia moral y material.

Porque bien sabe usted, señora Colombine, que hay muchos matrimonios desavenidos y separados. Si el hombre en la separación ha encontrado una mujer que le ama, no puede acercarse a ella, pues esta hipócrita sociedad ha de tacharle cuando menos de hombre ligero, y si, por el contrario, es una mujer separada de su marido la que ama a otro hombre, porque no puede ni debe amar al suyo, ¡ah!, entonces es ella una mujer indigna y es repudiada por todos, cuando no comete otro delito que amar, que es uno de los fines de la vida y quizás de los más principales.

Si estas líneas le parecen a usted publicables, ya que hace usted tanto por la mujer, yo la ruego que las publique, pidiendo a las lectoras de estas líneas que expongan su opinión acerca de este asunto, de vital interés para la mujer, y cuente usted, señora Colombine, que, si desde este momento no doy mi nombre, es porque estoy temerosa de que por el pronto se me critique; pero como tengo la certeza de que cuando una mujer empiece a exponer ideas relacionadas con esta cuestión han de seguir muchas, aplazo para entonces dar mi nombre. Entretanto, suplico a usted que dé vida y ampare en el *Diario Universal* a cuanto se relacione con la creación del Club, y muy

pronto tendrá el gusto de saludar a usted personalmente
su afectísima segura servidora que su mano besa,

C. V. DE P.

El club del divorcio

La noticia publicada en el *Diario Universal*, relativa a la probable formación de un Club de matrimonios mal avenidos para pedir el establecimiento del divorcio, ha caído entre las señoras mujeres como agua de Mayo en tierra necesitada de bienhechora lluvia...

Pero no se trata del divorcio ilusorio admitido por la Iglesia y por nuestro Código civil, que consiste en la separación de los cónyuges. Trátase de algo más trascendental: de lo que pudiéramos llamar jurídicamente rescisión del contrato de matrimonio, por la cual rescisión quedan en absoluta libertad las dos partes contratantes de volver a casarse, o mejor dicho, de contratarse nuevamente.

Pensaba yo que todo ello no pasaría en nuestro país los linderos del ideal feminista, y que siendo el feminismo un *sport* agradable, pero nada más que un *sport*, el proyecto flotaría como una esperanza remota en el ánimo de los matrimonios descontentos y en el espíritu de las gentes sugestionadas por la novedad.

Tal suponía, pensando en la superioridad del matrimonio en España con relación al de otros países; superioridad fundada en la abnegación de nuestras mujeres, en su fidelidad y en una dulce resignación tradicional, que les ha dado, a mi juicio, cierto sello de grandeza.

Mas he aquí que estas mismas mujeres empiezan a darse cuenta de que el matrimonio es un contrato cruel. De fuera vienen orientaciones en ese sentido. La mujer puede descasarse en Francia y volverse a casar. ¿Por qué no ha de ocurrir aquí lo mismo? Y el deseo, que suele tener a las más ligeras que el raciocinio, se ha manifestado francamente, valientemente, por las señoras en las columnas de este mismo periódico.

Yo tengo muchos reparos que oponer y no pocas advertencias que consignar, no en cuanto a la petición del divorcio, que no me asusta, sino en cuanto a los fundamentos de la petición, porque destruyen algo muy espiritual, muy hermoso en las imaginaciones juveniles; algo que tiene los delicados matices de un honrado romanticismo.

Para esas imaginaciones frescas y dichosas el desencanto es grande. ¿Hay más de un amor? ¿No existe un amor único que lleva al pie de los altares a la mujer y al hombre? Pues si el amor les llevó allí, ¿cómo muere y cómo puede nacer otro igual, expuesto a un acabamiento semejante? La teoría del divorcio tiene para mí esa nota fría, desconsoladora. Hoy —dice Byron— «hace seis años que éramos uno, y cinco que somos dos.» Pero, ¿es eso cierto, espiritualmente? La mujer, casada por amor, ¿se divorcia y se casa nuevamente, amando? ¿Es que amó las dos veces, o es que no amó ninguna?

Mujeres separadas de su marido por incompatibilidad de caracteres o por causas más graves, siguen amándole a

122

pesar suyo, sin hallar en la propia voluntad fuerzas bastantes a impedirlo. Y hombres que se hallan en el mismo caso, he conocido muchos. Pero esos son los que se casaron por amor.

Las señoras que pidan el divorcio para volver a casarse, ¿han amado a sus maridos? Esa es mi duda. ¿Se casaron sin amar y no se dieron cuenta de ello, o se dieron cuenta exacta y se casaron sin embargo? Los dos casos son harto frecuentes, por desgracia, en la mujer y en el hombre. Pues ni aun tratándose exclusivamente de extremos tales, logro explicarme el deseo. ¿Les ha ido mal en el matrimonio, tan mal que se ven obligados a deshacerlo? ¿Pues a qué contraer nuevas nupcias para exponerse a lo mismo? No he visto a nadie recibir un garrotazo y suplicar que le den otro.

No, no me parece bien que el amor sirva de pretexto para apoyar las peticiones de divorcio. Yo creo que el pretexto verdad, el único acaso, es la total ausencia de todo amor. Dejadle nacer, dejadle que crezca y que arraigue antes de casaros, y veréis la imposibilidad de libertaros de su influjo, bueno o malo.

El amor, ha dicho una estimable señora en las columnas del *Diario Universal*, «es uno de los fines de la vida». Exacto. Pero, ¿acaso el matrimonio es un estorbo al amor, o es la consagración del amor mismo?

Y conste que no defiendo el matrimonio como fin social, ni siquiera como medio. Defiendo la lógica. Y creo sinceramente que el divorcio, tal y como se halla establecido en Francia, es el principio para llegar a las conclusiones

123

filosóficas de Sebastián Faure: «Todos los ancianos son nuestros padres; todos los niños son nuestros hijos.»[97]

¿Os seduce la teoría? Pues por ella se va a lo que ha dado en llamarse el amor libre, sin que yo acierte a explicarme cómo pueden verse juntos dos conceptos tan fundamentalmente contradictorios como son el amor y la libertad, pues siempre tuve al amor por tirano de la voluntad, que la sujeta y esclaviza.

Lo que pasa, señoras y señores del Club del divorcio, es que el deseo, vuelvo a repetirlo, tiene las alas muy largas y muy ligeras. Antes de llegar al divorcio efectivo, que resuelve la situación de los que no se han amado, ¿no sería lógico democratizar nuestras costumbres hasta llegar a poseer el hábito de no engañarnos mutuamente?

Las mujeres tienen una habilidad especial para ocultar sus defectos antes de casarse. Y lo mismo acontece con los hombres. Pero lo curioso es que ni el hombre ni la mujer se consideran obligados a disimular esos defectos desde el instante mismo en que se casan. Y eso constituye un mal grave.

Hay necesidad de que nos acostumbremos a pensar lo mismo en privado y en público, y a discurrir con la misma valentía cuando nos escuchan y cuando no nos oye nadie, amén de desterrar de la imaginación la idea de los matrimonios convenientes.

---

97. Faure was a French anarchist. However, this quote is rightfully attributed to the French anarchist poet Paul Paillette and is found in his 1887 work *Les Enfants de la Nature*.

Nada más en defensa del amor, por el cual rompo lanzas en este artículo, que no rompería en defensa del matrimonio ni en contra de la rescisión del contrato. Es posible que mi radicalismo en este asunto y en algunos otros vaya más allá que el de los iniciadores de la idea del Club. Pero no he de exponerlo porque no quiero que recaiga sobre el *Diario Universal*, por pecados de mi pluma, el *anathema sit.*

FRANCISCO DURANTE.[98]

Dice usted, señora Colombine, al insertar la carta de doña C. V. de P. relativa al Club de matrimonios mal avenidos, que dará a conocer la opinión de las lectoras en este delicado asunto.

¿De las lectoras solamente? ¿De los lectores no? ¿No formamos los hombres una mitad, por lo menos, del matrimonio? Creyendo que ha de ser usted imparcial y justa, me atrevo a molestar su atención y la de los lectores si usted quiere, dirigiéndole estas líneas, que han de ser pocas, aunque del asunto *delicado* podría hablarse mucho.

En primer término, me parecen muy acertadas las manifestaciones de la señora de P. Se impone algo más que la separación de bienes y de cuerpos: se impone el divorcio en España si hemos de *europeizarnos.* No hace mucho

---

98. Francisco Durante was a journalist and columnist whose letter to Burgos inspired her plebiscite on divorce.

tiempo, una señora francesa me dijo que los españoles éramos unos turcos (sin duda quiso decir salvajes) con nuestras mujeres; que las aprisionamos, que viven sin libertad, etc., etc.

Yo le referí el caso de un amigo mío, quien a los quince días de casado hubo de quedarse sin su esposa, porque a ésta le sentaba mal el clima de Madrid y quería volver al pueblo en que naciera. El marido protestó, pero ella se fue (primer acto del drama *Libertad de la mujer casada*). El escribió cartas y más cartas; la dulce compañera de su vida se negó a volver al domicilio conyugal (segundo acto), y cansado el marido apeló a las autoridades; entonces la esposa, indignada por tamaña tiranía, regresó, pero... a los ocho días tornó al hogar de sus mayores (tercer acto).

De nuevo mi amigo impetró el amparo de las autoridades, y éstas le dijeron:

—¡Hombre, usted no puede hacer carrera de su mujer; mándela a paseo!

¿Se puede dar más libertad en la mujer casada, que es menor, según la ley, y mayor *minoridad* en el hombre casado? ¿Somos unos salvajes los españoles con nuestras mujeres?

Mi amigo vive solo; su esposa, ante Dios y los hombres, le ha abandonado, le ha deshecho el hogar, le ha negado familia. ¿Es justo que este hombre viva condenado a vivir como vive? Y si no vive así, y si se crea una familia (paso por alto las murmuraciones sociales), ese hombre puede aún ser llevado a presidio por su *esposa legal*.

¡Ah! Es verdad lo que me decía la señora francesa: somos unos turcos, unos salvajes los españoles, pero es porque nos sometemos a leyes tiránicas y absurdas.

Canalejas, que tanto habla de las Órdenes religiosas, no estaría demás que hablara de la implantación del divorcio en nuestro país, que es más importante que la expulsión de las Órdenes. Y conste que digo *más* importante.

Yo, señora mía, soy casado, mi esposa lee estas líneas, somos felicísimos y está de acuerdo con ellas porque vive convencida de que lo que une a dos seres a perpetuidad son las almas y no las ligaduras impuestas, o por la conveniencia o por la inconsciencia, con vestiduras de sagradas fórmulas. Y crea usted que si algún día nuestras almas no pudieran hacer la vida de unión que hoy hacen, ella y yo iríamos a formar parte de ese Club, para pedir, a voz en grito, con la independencia del cuerpo, la del espíritu, ahora encarcelado en convencionalismos sociales y en rancias ideas que se dan de cachetes con la civilización.

Muy suyo, que respetuosamente b. s. p.,

JUAN PÉREZ.

Señora Colombine:

No sé quién será su servidora C. V. de P., pero desde luego puedo adivinar que ni ha nacido para mujer, ni merece serlo.

Claro es que me refiero a la apasionada partidaria del divorcio, que quiere que todos paguen las culpas de ella o de él, sea quien sea.

¿No le parece a esa señora y a usted, que la apoya, que esas cosas, aun teniendo razón, no debe proponerlas nunca la mujer, porque si no se olvida de su sexo, llamado ciertamente a más altos fines y a más elevadas virtudes, debe poseer conformidad, si es desgraciada, y callar cuidadosamente su falta si es culpable, para no perder siquiera esa pública honestidad, que valiera más difundir, ya que tan maltrechas están las íntimas existencias del pudor y de la honra?

Ellas y ellos, todos los que piden el divorcio, o son unos insensatos, neurasténicos e histéricas, o son seres depravados, que merecen se les fustigue para que, ya que no aportan a la sociedad ningún átomo de bondad y pureza, al menos no entrometan en el ambiente común, con escándalo, y hasta con sus dejos de escuela, el virus de una prostitución sorda y verdaderamente aborrecible.

Señora Colombine, no se pueden publicar esas cosas; eso acusa, por lo menos, una ligereza, que en usted, que es amable, es disculpable, pero no es sana.

Ya sé que estas líneas no aparecerán en las columnas del *Diario Universal*, por lo mismo que, si dicen la verdad y llevan en sí vetusto principio de nuestra pasada moralidad, hieren el amor propio de algunas, y ¡ah! esto y la exhibición, son cosas que en la *teoría* feminista se sobreponen a todo: al hogar, a los padres y al amor filial; a todo.

DARÍA BÜNSEN.

Señora Colombine:

Como dice muy bien el notable cronista Sr. Durante en su crónica *El Club del divorcio*, la creación de este Club ha caído entre nosotras *las señoras mujeres como agua de Mayo en tierra necesitada de bienhechora lluvia*. El caso no es para menos, mi respetable señora Colombine. Pero como el exquisito escritor hace algunas preguntas en son de duda, voy a ver si puedo responder las preguntas, para que las dudas desaparezcan.

Empiezo por declarar que la carta de la señora de P. me parece admirable por su sinceridad y valentía, con las cuales da ánimos a las mujeres para salir del encogimiento y apocamiento en que hemos vivido, y del cual estamos en vías de salir, y que se nos escuche.

Sí, Sr. Durante: se trata de eso, se trata de *la rescisión del contrato de matrimonio*, ya que un contrato es, y el *único* que se celebra a perpetuidad. No es que el deseo tenga más alas que el raciocinio; es que el deseo está forjado en el yunque de la necesidad, y es una aspiración que ha dado a todos, hombres y mujeres, una larga y dolorosísima experiencia, y si los fundamentos de la petición del divorcio destruyen algo muy espiritual, muy hermoso en las imaginaciones juveniles y honrados romanticismos, ¿qué importa todo esto si se llega a la conquista de la relativa felicidad que en la tierra existe?

¿Hay más de un amor? Pregunta el delicado cronista. Yo no he de decirlo, ni importa al fin de este asunto. Pero sí diré que no se casan hombres y mujeres porque un amor *único* les lleva al pie de los altares. ¿Cómo nace y muere otro amor? ¡Ah! Sr. Durante, ¿cómo las flores de un mismo rosal nacen, mueren y vuelven a nacer? Así en el alma se renuevan los sentimientos, y así amamos a nuestros padres, después a nuestros cónyuges, después a nuestros hijos, y perdemos a los unos, y a los otros y a los otros, y nuestras heridas se curan, y nuevos afectos nos llevan hasta a olvidar lo que nos parecía inolvidable.

Si por *un* solo amor nos casáramos, ¿cómo se casarían en segundas nupcias viudas y viudos? Usted quiere llevarnos a una psicología incomprensible al asegurar que mujeres, por faltas graves cometidas, separadas de sus maridos, siguen amándolos. No; cuando más los estimarán, pero no los aman, porque si los amaran, no habrían cometido esas faltas graves. Las señoras que pedimos el divorcio, *hemos* podido haber amado a nuestros maridos; pero ¿y si éstos se han hecho indignos de nuestro amor? ¿Y si éstos han profanado con sus mancebas algo más que el hogar conyugal, y la venda se ha caído de los ojos y el alma ha recobrado su imperio de dignidad? ¿Qué debemos hacer entonces? ¿Resignarnos? ¿Callarnos? ¿Besar la mano del amo que nos da el latigazo? ¿Son ustedes los amantes de la libertad, y quieren, para nosotras las mujeres, una odiosa esclavitud que repugna toda honrada conciencia? Hay muchas, infinitas mujeres, que van al matrimonio amando a sus esposos; pero hay muchas que van sin amarlos, porque aquí, en España, ustedes los hombres nos han enseñado a creer que la única carrera de la mujer es el matrimonio, y en éste la mujer ha encontrado un *modus vivendi*.[99] El amor, tiene usted razón, es un tirano de la voluntad; pero ¿y cuándo no hay amor? Mas dando por cierto que al matrimonio vayan ustedes con amor, con buena fe, recuerde usted la frase de Mad. Stael[100]: «El matrimonio es la tumba del amor». Recuerde usted, ya que lo cita, la frase también de Byron: «El matrimonio es un saco lleno de serpientes con una anguila; el que coge la anguila, es feliz».[101] Pues bien, para el que cogió la anguila no es el divorcio; es para los que cogieron las serpientes.

Democratizar nuestras costumbres hasta llegar a no engañarnos mutuamente. ¡Ahí es nada! Ese es el ideal. ¿Pero cómo se puede llegar a eso? Por una larga serie de generaciones que progresen en educación moral e intelectual. En síntesis, Sr. Durante: el amor puede estar en el matrimonio, pero puede no estarlo. Para el caso en que no lo está, el divorcio es una admirable e *imprescindible* institución, pues con él se apartan los casados de procedimientos

---

99. In Spanish and English, *modus vivendi* often refers to often temporary political arrangements between conflicting parties. In Spanish, however, it has the additional meaning of "a way to make a living" or "livelihood."

100. Anne Louise Germaine de Staël-Holstein. The quotation should be attributed to Giacomo Casanova; see his *History of My Life*, translated by William Trask, Johns Hopkins UP, 1967, p. 208.

101. Lord Byron may have quoted this line, but the original quotation is from Thomas More: "I have herde my father meryly say every man is at the choyce of his wife, that ye sholde put your hande into a blynde bagge full of snakes and eles together, vii snakes for one ele"; *A Dialogue of Syr Thomas More, Knyghte*, London, 1557, p. 165; book 1 of *The Workes of Sir Thomas More Wrytten in the Englysh Tonge*.

infames y repugnantes: la perfidia, el engaño. ¿No es preferible la lealtad?

A la señora doña Daría Bünsen he de decirla que es mujer y ha nacido para serlo. ¿Por qué no ha de proponer una mujer una medida que puede ser salvadora para muchas? Si esa señora es desgraciada debe callar; ¿por qué? Al contrario, debe decirlo, porque la desgracia es un buen vehículo para hundirse en el abismo, y si se hunde, que al menos tenga la disculpa de su desgracia. *Hay necesidad de que nos acostumbremos a pensar lo mismo en privado y en público.* Si la señora de P. es la culpable y no la desgraciada, bastante es su desdicha; pero hay que reconocer que es discreta pidiendo el establecimiento del divorcio, precisamente para eso, para dejar de ser culpable. Sí, seremos unas neurasténicas las que pedimos, clamamos por el divorcio; pero no se nos tachará de hipócritas, que con aparentes vestimentas de santidad, ocultamos el odioso pecado de traicionar los juramentos que pronunciamos ante el altar.

Ahí va, señora Colombine, mi nombre y mi domicilio, esperando como afirma que para el público guarde el incógnito.

Con este motivo se ofrece de usted servidora q. s. m. b.,

DOLORES FERNÁNDEZ.

Creyendo que se trataba de una inocentada, señora Colombine, al publicar en el *Diario Universal* del 28 del pasado

Diciembre la carta de una señora que se muestra decidida partidaria de la creación de un Club de matrimonios mal avenidos, no escribí a usted aquel mismo día; pero al leer el notable artículo del Sr. Durante, que parece que lo toma en serio, no puedo menos de suplicar a todos mis compatriotas que expongan su opinión en este asunto, de tan capital interés para la mujer española.

Empiezo, pues, a darles ejemplo, diciendo que en un todo estoy conforme con el autorizado parecer del Sr. Durante, y sólo me resta añadir que con el divorcio se destruye, juntamente que con la moral y la religión, la familia, y, por lo tanto, la sociedad. Tampoco adelanta mucho con esto el verdadero feminismo, y en lo que se refiere a la dignidad de la mujer, queda muy malparada. De la tristísima situación de los pobrecitos hijos no quiero tratar en este lugar, para que no broten las lágrimas de los hermosos ojos de mis sensibles lectoras.

No negaré que existen maridos con los cuales se hará insoportable la vida; también es evidente que algunas esposas convierten el hogar doméstico en un infierno; pero cuando esto suceda, me parece mejor que, armados de paciencia, abnegación y tolerancia, esperemos resignados a que Dios se sirva cortar el estrecho lazo del matrimonio con la muerte de uno de los cónyuges.

No es posible que la mujer encuentre la dicha al lado de otro hombre después de haber anulado su matrimonio con el padre de sus hijos, ante los cuales tiene que encontrarse muy pequeña por el anatema de degradación que la mayor parte de la humanidad lanzará sobre ella.

Segura estoy de que las señoras españolas darán pruebas una vez más de su ilustración, sensatez y buen juicio, protestando enérgicamente de la formación del Club de matrimonios mal avenidos; pues con su cultura y buen sentido de la práctica de la vida no se les puede ocultar que el divorcio ataca directamente a la moral y a la religión, rebaja su dignidad, y la madre tendrá que enrojecer cada vez que las inocentes miradas de sus hijos se fijen en su rostro; para evitarse esta vergüenza sabrán sufrir valerosamente los disgustos que les proporcione su matrimonio y no querrán encubrir hipócritamente sus vicios con las ventajas que para ello les reportará el divorcio.

No terminaré mi epístola sin enviar a usted, señora Colombine, mi más sincera felicitación por los buenos consejos que en el periódico de hoy dedica a las madres acerca de la educación de sus hijos; si los siguen, seguramente que encontrarán tantos goces con las caricias y alegría de sus pequeñuelos, que no se ocuparán de otro amor, si por desgracia no son felices al lado de su esposo.

Tiene el gusto de saludar a usted su afectísima segura servidora q. b. s. m.,

FARINATA.
Ciudad Rodrigo, Enero 2-1904.

Señora Colombine:

Mi opinión es de las más entusiastas en favor del divorcio.

ADOLFA GABÁN.

Ayer publicamos la carta de una de nuestras lectoras partidaria del establecimiento del divorcio. Hoy recibimos otra en contra de dicha idea, que llena las condiciones de revelarnos su nombre y domicilio, y nos apresuramos a publicarla.

¿No prueba esto nuestra imparcialidad?

Pues sin embargo, ni esto ni mi formal propósito de no dar mi modesta opinión hasta que haya de hacer el resumen, me libra de las censuras.

Un buen señor, que *gasta faldas sin ser mujer*, me censura agriamente en deslavazado y grotesco artículo de la *Revista Benéfica Española*.

Es tan pobre de ingenio lo que el buen señor *marqués de Siete Picos* (muchos picos son) me dice,[102] que no me tomaría la molestia de contestarle si no fuese por llamarle la atención hacia su injusticia, puesto que yo aún no he manifestado mi opinión.

---

102. A classic novel by Pedro A. de Alarcón is titled *El sombrero de tres picos* or *The Three-Cornered Hat*. This hat was a symbol of power as it was worn by a corregidor. Siete Picos is a mountain in the Sierra de Guadarrama range near Madrid. Burgos is joking that this man must think he is quite important, since his title refers not to a three-cornered hat but to a seven-peaked mountain.

Aquí se trata sólo de una discusión, y como ya es sabido, «de la discusión sale la luz». ¿Es que el Sr. de Picos teme a esa luz?

¡Vaya, una poquita más de lógica (aunque no se sepa el francés, como demuestra) conviene siempre al que toma los modestos pseudónimos de *Trovador de la Virgen* o de *Cantor del Guadarrama*!

Pero dejando esto, y ya que del divorcio se trata, veamos lo que dice ayer nuestro colega *El Globo*:

«Comienza a formarse en España una corriente de opinión pública partidaria del divorcio matrimonial.»

Interrogado ayer un personaje político sobre la oportunidad y eficacia de esta campaña, contestó secamente:

—Hace mucho tiempo que el *divorcio* se halla establecido entre nosotros.

—¿Cómo?

—Sencillamente: nosotros estamos *divorciados* con el país y éste con nosotros. El Gobierno se halla *divorciado* de la opinión y ésta con él. Valencia *divorcia* a Nozaleda,[103] y así todo. La nación entera es un matrimonio mal avenido…

COLOMBINE.
(Contestación a un suelto
de la *Revista Benéfica Española*.)

---

103. See note 15.

Este asunto, señora Colombine, está dando juego, y hay que darle gracias, porque con su independencia y valentía aborda esta cuestión, de tan palpitante interés siempre, porque encierra la suerte de muchos seres y es un problema que urge resolver.

Con verdadera emoción sigo cuanto dicen señoras y caballeros acerca del divorcio, y haré a usted una declaración: soy soltera porque no existe el divorcio entre nosotros. Por muy maduramente que se piensen las cosas, puede el que las piensa equivocarse, y pedir a éste que pactó *para toda la vida*, se resigne con la equivocación, es demasiado pedir. Esto, por ser un absurdo que salta a la vista, no hay para qué discutirlo; pero sí hay que discutir lo que dice Farinata, porque lo dicho por otras personas lo ha contestado ya, y muy bien, en mi juicio, *Dolores Fernández*.

Farinata asegura que con el divorcio se destruye la familia, la moral y la religión. No estaría de más que lo probara, en tanto que yo voy a ver si puedo probar lo contrario.

La familia no se destruye porque el divorcio sea un hecho, como no se ha destruido en Francia, Inglaterra, Alemania, Austria, Rusia, Bélgica, etc., etc., y la *tristísima situación de los pobrecitos hijos* es menos tristísima en un *hogar tranquilo* y con calor de amor, que en el hogar paternal, en el que ven las desavenencias de los padres, sus mutuas faltas de respeto y algo más, que a todo eso se llega entre dos seres que no se aman y que *forzosamente* tienen que vivir juntos, para someterse, después de insultos, servilmente a la tiranía odiosa de la carne. ¡Esto sí que es inmoral! Y es además mucho más moral vivir *legalmente* con el ser a quien se ama, que desear la muerte del que se aborrece, *esperando resignados a que Dios se sirva cortar el estrecho lazo del matrimonio con la muerte de uno de los cónyuges*. ¡Qué horror!

¡Qué ha de enrojecer ni por qué tiene que enrojecer el rostro de la divorciada ante las miradas de sus hijos! ¿Enrojece el rostro de la viuda casada en segundas nupcias por que la miren los hijos del muerto?

Creo haber demostrado que ni la familia ni la moral padecen con el establecimiento del divorcio, y por lo que se refiere a la religión, yo no conozco otra, ni quiero, que la católica; pero ante cuestión tan trascendental como la del divorcio, y cuando se saca a plaza la religión diciendo que se la ofende y que se la destruye, será bueno que las mujeres sepan qué concepto tienen de nosotras los más eximios Santos Padres de la Iglesia católica.

Sabido es que en el Concilio provincial de Macon se discutió con la mayor gravedad si las mujeres *tenían alma*.

San Juan Crisóstomo asegura que la mujer *es enemiga de la amistad, naturaleza del mal, peligro doméstico*. Las palabras de San Jerónimo son estas: *La mujer es camino de la injusticia y picadura de escorpión*. ¿Quieren ustedes más, mis queridas colegas? Pues aún se podrían citar innumerables *piropos* de los Santos Padres para nosotras que, por lo visto, queremos *continuar* esclavizadas al matrimonio para dar la razón a los venerables santos *continuando* siendo peligro doméstico y picadura de escorpión para el pobrecito marido.

Véase si tenemos las mujeres mucho que agradecer a los padres de la Iglesia para que no nos defendamos un poco y para que busquemos el medio de no ser un *peligro doméstico.*

Para terminar, señora Colombine, recordemos las palabras de Santa Teresa de Jesús: «El infierno es un sitio donde no se ama». Y el infierno puede existir entre los casados a perpetuidad, y el amor entre los divorciados y casados de nuevo, ya que el contrato matrimonial es la patente de dignidad y honradez del amor.

ESPERANZA CASTRO.

Señora Colombine:

Muy señora mía: Habiendo leído la carta que se publicó anoche en el *Diario Universal*, y comprendiendo que la autora de ella no es partidaria del Club de matrimonios mal avenidos, y que en su carta parece quiere darnos una lección de moral, me parece digno protestar contra algunas cosas que en ella escribe.

Dice Farinata que con el divorcio se destruye la moral, la religión, la familia y también la sociedad y que la dignidad de la mujer queda malparada, y nos aconseja que debemos armarnos de paciencia, abnegación y tolerancia hasta que Dios se sirva cortar el estrecho lazo del matrimonio con la muerte de uno de los cónyuges. ¡Alto ahí! Protesto, protesto con toda el alma, y lo mismo creo harán aquellas que desde el día que se desposaron no encontraron en el mundo más que amarguras y sinsabores.

Tampoco estoy conforme con otro parrafito que dice Farinata, que la mujer no puede ser feliz con otro hombre después de haber anulado su matrimonio con el padre de sus hijos. ¿Y por qué? ¡Si desde el momento que se separa de su esposo deja de sufrir! ¿Por qué, si son buenos hijos y en su madre no ven una conducta censurable, la han de despreciar? ¿Y por qué ha de creer la humanidad que con el divorcio encubre hipócritamente la mujer sus vicios? ¿Por qué se ha de censurar que una esposa infeliz desee y haga lo posible por romper cuando pueda el lazo que la une al hombre causa de todos sus infortunios?

Además, no todas tienen hijos, y también por desgracia en la sociedad hay muchos matrimonios que se casan por el interés, y a veces de los padres, sin que la hija sienta cariño hacia el hombre con quien se va a unir. Y si encima el marido no la ama, ¿qué es el matrimonio para la mujer? Pues no siendo por el divorcio, aquella es desgraciada y no hay salvación ninguna. Claro es que si tiene hijos es un consuelo; pero hay que desengañarse, que los hijos no le quitarán del todo los sufrimientos a una mujer.

Además, eso no creo lo debe saber nadie mejor que una madre, y si ésta, con todas las caricias de sus hijos, se decide a separarse de su esposo, sus motivos tendrá, y sabido es que ninguna madre deja de tener alma.

Créame, señora Colombine, la autora de esa carta publicada el viernes debe de ser una señorita que, sugestionada por las palabras de su prometido, y sintiendo en su corazón el primer amor, se ha dejado llevar de sus sentimientos, ignorando que por muy virtuosa que sea una mujer hay sufrimientos en el matrimonio mal avenido que le hacen olvidar los deberes de esposa y casi los de madre.

Yo opino que el deseo de que sea admitido el divorcio en España debe tenerlo toda mujer que en su matrimonio no sea feliz y que tenga amor propio y dignidad.

Por último, doy un viva al Club de matrimonios mal avenidos, y también a todas aquellas que trabajen con ese fin. Como suscriptora que soy del periódico, y sintiendo todo cuanto en ésta digo, me he atrevido a escribirle dándole mi opinión.

La saluda su afectísima servidora, q. b. s. m.,

CLARA Y.

A Colombine:

Tengo a la vista la historia del divorcio escrita por un notable literato, y de su interesante lectura saco en consecuencia que los pueblos que se distinguen por su barbarie y que consideran el matrimonio como contrato, han establecido el divorcio; que en todos ellos impera la arbitrariedad y la injusticia y que siempre resultan grandes daños para la mujer y los hijos, y que no veo ventajas para la sociedad, ni para la familia, ni para el Estado.

Consideremos ahora el divorcio bajo el punto religioso. Todos sabemos que el matrimonio fue instituido por el

Señor, primero como contrato, en las personas de Adán y Eva, cuando gozaban de las delicias del Paraíso; y más tarde Jesucristo lo elevó a sacramento al venir al mundo a predicar la religión cristiana. Es, pues, para nosotros contrato y sacramento, siendo las tres condiciones esenciales del último la *unidad*, la *indisolubilidad* y la *legitimidad*.

Es evidente que la ley de la indisolubilidad del matrimonio descansa en la naturaleza de Dios, en la del hombre y en la de la sociedad civil. Es uno de los caracteres de la familia divina de la Santísima Trinidad, tipo de la familia humana.

Al unir Dios a nuestros primeros padres, le dijo a Adán: «Te entrego una compañera que es carne de tu carne.» Indicando con esto que el hombre y la mujer son dos en uno, indivisibles e inseparables. Así habló después Jesús a los fariseos: «Que el hombre no separe lo que Dios ha unido.»

En el Concilio de Trento también acordaron que ni el marido ni la mujer pudieran contraer nuevo matrimonio, mientras viviera uno de los cónyuges.

Lo mismo opina San Pablo y otras lumbreras de la Iglesia católica.

Tampoco tenemos que hacer grandes esfuerzos de imaginación para comprender que la familia se destruye con la separación de los individuos que la forman; pues los hijos siguen a uno de los esposos, o bien los unos a la madre y los otros al padre; pero de todos modos, pierden la solicitud de alguno de ellos y siempre disminuirá el cariño del ausente, recibiendo peor educación que si vivieran al lado de los dos.

Si los esposos no cuentan con la perpetuidad del amor, se querrán menos y no se ocuparán de complacerse mutuamente. Y la mujer en los primeros años de matrimonio hará leyes de sus menores caprichos; pues si un marido no las acata, se las impondrá a otro y a otro; pero al perder su belleza y juventud, caerá en la más horrible esclavitud, quedándose, por último, sin familia, tal vez sin hogar, viéndose privada de las consideraciones y respeto que siempre merece la virtud.

Por otra parte, el divorcio en las naciones católicas se ha hecho ley en tiempos de revueltas y grandes luchas políticas, signo evidente de la decadencia de los pueblos. En el fondo no es más que un concubinato legal, una vergonzosa concesión hecha a la sensualidad, faltando a los más sagrados deberes religiosos y morales.

Por último, el matrimonio, como contrato civil, podrá deshacer sus lazos; pero como Sacramento, es indisoluble. Así lo afirman el mismo Salvador y los Santos Padres. Aunque éstos nos hayan propinado los *piropos* que tan oportunamente cita la señorita Castro, no veo la razón para abogar por el matrimonio civil, que pone en peligro la civilización y degrada a la humanidad, llevándola hacia los tiempos primitivos, en que la mujer era considerada como objeto de placer y en su ancianidad todos la despreciaban.

Respeto y admiro a la mujer que, no pudiendo vivir con su marido, se separa de él, dedicándose solamente a la educación de sus hijos, y *espera* resignada, pero sin desearla, *la muerte de su esposo*, y una vez rota la cadena, no piensa nunca en aprisionarse de nuevo. Pues sepa la señorita Castro que cuando se ama de veras, no se olvida jamás.

MARÍA DOLORES TORRES,
Viuda de García Vivanco.
Ciudad Rodrigo 20 Enero 1904.

Señora Colombine:

Muy señora mía: Los estrechos límites de un artículo sólo permiten consignar en forma casi telegráfica la defensa de la perpetuidad del matrimonio, justificando las dos célebres frases de Bonal; al ocuparse de esta cuestión, dice: «Los turcos, con la poligamia, *compran* la hija de su vecino; nosotros, con el divorcio, *robamos* a un amigo la compañera de su hogar.»

Sólo una idea equivocada de lo que es y significa el matrimonio, puede servir de fundamento para sostener el divorcio.

El matrimonio NO ES UN CONTRATO. La ley del matrimonio es la ley del amor; éste es la vida, y puede decirse es hasta la religión de la mujer, pues ésta ha nacido para amar y sacrificarse por el objeto amado.

A la ansiedad, a la incertidumbre, a los celos y los temores de los amantes, sucede el amor verdadero y tranquilo del esposo y la esposa al ver convertidos en realidad sus esperanzas, sus sueños y sus ilusiones. Nada más puro ni más santo que esa misteriosa turbación de la mujer honrada, que naciendo en el corazón, se asoma al rostro, velada por el pudor, y que constituye ese encanto celestial que espiritualiza el cariño.

Preciosa joya, delicadísimo adorno, que debe ser siempre el más preciado atavío de la mujer, pues ella constituye su más delicado adorno.

Los germanos, según Tácito nos cuenta, creían que en el amor de la mujer existía algo de divino, y nuestros caballeros de la Edad Media, en el fragor del combate se encomendaban a su dama.

Hay que distinguir el amor de la pasión; ésta la define el filósofo romano: «Conmoción del ánimo opuesta a la razón y contraria a la Naturaleza». El amor purifica la pasión, fuego misterioso que convierte a la familia en un verdadero santuario, en el cual los corazones unidos de los esposos forman el altar, y como manifestación real de esa unión indisoluble, de esa fusión de dos seres en un solo ser, más perfecto que cada uno de ellos, aparecen los hijos, esos ángeles de la tierra que traen la felicidad y el encanto a la vida conyugal, aportando a la misma las bendiciones del cielo.

Hoy sólo sentamos esta premisa o antecedente para resolver el pleito del divorcio: «El matrimonio no es un contrato; la ley que lo rige es el amor.»

FERNANDO COLOM.

145

Señora Colombine:

Honorable señora: No quiero ocultar que me produce gran interés la discusión que sobre «el divorcio» comienza a suscitarse en las columnas del *Diario Universal*. Diré mejor: más qué interés, me produce entusiasmo, porque veo en ella una ocasión magnífica para que brille la hidalguía de las damas españolas, que religiosas por tradición y por principios, han de colocarse al lado de la justicia, y la justicia no está en pro del divorcio.

Pero yo creo que esa discusión debe arrancar de las raíces o fundamentos de la cuestión discutida, raíces o fundamentos que no son, ciertamente, los argumentos relativos a la *conveniencia o no conveniencia* del divorcio, sino los relativos a *su justicia o injusticia*.

No es posible atenerse en este asunto de vital importancia, en el que se juegan, juntamente con la ventura del hogar, los derechos de los hijos y el honor de la recta conciencia, a esa escuela *utilitaria* tan victoriosamente combatida en los estadios de la filosofía y de la razón.

¡Cuántas cosas pueden *convenirme* que, en *justicia*, no puedo adquirir! Puede *convenirme* mucho la hacienda ajena; pero la justicia me prohíbe robar. Igualmente puede convenir el divorcio a muchos matrimonios, sobre todo si se inspiran en el fuego de pasiones exaltadas o en los disgustos matrimoniales que resultan necesariamente de enlaces que obedecieron, no a las santas leyes del amor puro, sino a férreas tiranías de la más repugnante avaricia; pero, aunque en tales casos pueda *convenir* el divorcio, la *justicia* se opone a que se rompan vínculos que son sagrados a todas luces.

Yo creo, pues, que el punto luminoso de la cuestión es éste: el matrimonio, antes de ser un sacramento y contrato religioso, y mucho antes de ser un contrato civil, es un contrato natural, y precisamente por ese su carácter originario, el matrimonio es *indisoluble.* Cuando todos los amores puros tienden a perpetuarse, no es demostrable que el amor conyugal, que ocupa un puesto de honor entre ellos, sea apto para la extinción.

La cuestión queda para mí reducida a este dilema: O se efectúa el matrimonio sobre la base de un amor puro y racional y con el mutuo conocimiento de las cualidades morales de los contrayentes, o se efectúa sin ese previo conocimiento y sobre las bases del deseo del lucro, que son excelentes cuando se trata de formar sociedad comercial, tanto como reprochables cuando se forma sociedad matrimonial.

Si lo primero, el matrimonio tiende a perpetuarse, porque todos los amores puros se perpetúan; si lo segundo, no procede que se combata la indisolubilidad del matrimonio, sino que los esposos piensen que torcieron originariamente los fines del contrato, y que ellos (nunca sus hijos) son los llamados a soportar las *penitencias* que brotan de su *pecado.*

EDUARDO MARTÍNEZ BALSALOBRE,
Presbítero.

Entre las muchas opiniones que he leído ya en el *Diario Universal*, la que más me ha encantado es la del presbítero Sr. Martínez Balsalobre, porque esa opinión está bien expresada en su forma, y porque plantea el asunto sobre uno de los varios puntos en que puede sustentarse. Ya sé que no están aquí toleradas las discusiones; pero el Sr. Balsalobre, o cualquier otro señor, podría sacarnos de dudas, con lo cual el *pleito se vería* más claramente.

Si el matrimonio antes de ser un sacramento, y un contrato religioso, y un contrato civil es *un contrato natural*, no desnaturalicemos las cosas y no queramos hacer indisoluble lo que naturalmente no puede serlo, pues en la naturaleza todo cambia, todo se modifica, todo evoluciona. Y la tiranía, en mi modesto juicio, consiste en amarrar a dos seres a perpetuidad, cuando se han unido por amor puro (¡no tanto!), y ese amor por la evolución de las cosas naturales cambia, o cuando se han unido por avaricia o simplemente equivocados.

Y, en realidad, ¿es *justo* que sufran la penitencia los que, obedeciendo a agentes extraños, se casaron sin amor, o los chicuelos de diez y ocho o veinte años que no sabían lo que hacían? No; la *justicia* no puede oponerse al divorcio en tales casos; se opondrá la *conveniencia* de algo que no debe de ser enteramente sagrado, y aquí de las dudas de que antes hablo.

Si profundizamos un poco, como si dijéramos, si *escarbamos*, hallaremos que el catolicismo ha sido y es, por lo tanto, el más grande enemigo del matrimonio.

No se asusten ustedes. ¿Pruebas? Ahí van.

Oigamos a San Pablo: «El que no se casa tiene cuidado de las cosas del Señor y de cómo ha de agradarle más; el casado cuida de las cosas del mundo y de agradar a su mujer. La doncella tiene cuidado de las cosas del Señor para ser santa en el cuerpo y en el espíritu. Mas de casada tiene cuidado de las cosas del mundo, cómo ha de agradar a su marido, y está dividida.»

No puede ser mayor condenación del matrimonio. Tertuliano, el célebre doctor de la Iglesia católica, dice que las segundas nupcias *son un adulterio*. En el *Festín de las vírgenes*, San Metodio enseña que la castidad es *superior al matrimonio*. El Concilio de Valencia del Delfinado (año 314), castigó con dos años de penitencia a las mujeres que se olvidasen de su promesa de castidad. Desde esto, pasando por San Agustín, San Antonio, San Hilario, San Basilio, hasta San Gregorio Niseno, que dice que *se debe huir del placer y que no comprende la perfección sin la continencia*, se podrían llenar volúmenes de sentencias de los padres de la Iglesia condenando al matrimonio.

Y no cito a San Ambrosio, que fue el que *batió el récord* en esta santa tarea. Si avanzamos un poco, en la Edad Media nos hallamos con San Gregorio, el autor de *Morales*, que dice: «No pudiendo ejecutarse la conjunción sin deleite carnal, se han de abstener los casados por algún tiempo de entrar en lugar sagrado, *puesto que la conjunción no puede ser sin culpa*.»

No continúo porque sería interminable la enumeración de citas; pero de todo esto se desprende que la religión católica es enemiga del matrimonio, que transige con él como un mal necesario, y, no obstante, se empeña en hacer indisoluble *la conjunción que no puede ser sin culpa*.

Observe usted, señora Colombine, que no hablo del *utilitarismo*, del que no podemos prescindir en la vida. Si el matrimonio es un *pecado*, y por él no se llega al Señor, muchos podrían llegar con el divorcio, deshaciendo el error y no volviendo a caer en él.—B. s. p.,

A. S.,
Abogado.

Señora Colombine:

Respetable señora: Usted, me permitirá que eche yo mi cuarto a espadas en el asunto del divorcio, pues como catedrático de Moral lo explico todos los años a mis alumnos del Instituto. El Estado y la Iglesia reconocen en España un divorcio incompleto: separación de cuerpos, hijos y bienes; pero esto suele llevar como consecuencia la malvivencia de algunos cónyuges, y yo aún culpo más a ellos que a ellas; pero es doloroso que la que tiene vocación de casada tenga que vivir como soltera. Este mal puede llegar a tener una solución civil, pero nunca religiosa, pues el matrimonio canónico está considerado por la Iglesia como sacramento que no puede destruirse.

El Estado debe conceder esta libertad a los matrimonios civiles, pues nada compromete con eso, y, además, debe servirle de argumento que los pueblos más cultos y adelantados lo tienen impuesto.

Bien sé yo que en España los matrimonios puramente civiles son escasísimos, pues las familias y las propias interesadas se niegan a eso, y los pretendientes, que renuncian, como hemos visto, a los auxilios espirituales, en el último trance transigen a confesarse y casarse canónicamente.

Esto, sin embargo, no es objeción; pues todo matrimonio canónico es también civil, y amparándose en éste podría realizarse el divorcio.

Un estadista que pretendiese instalar el divorcio en España, tendría en su mano el medio de comprobar las ventajas sociales de tal institución estudiando la distinta moralidad que reina en los matrimonios que se aguantan, a pesar de las infidelidades, los que se separan amistosa o judicialmente y los que recobran su libertad con el divorcio.

El pleito del divorcio tendría que fundarse en pruebas convincentes, y la separación no estaría jamás en manos del capricho; por eso el divorcio no es un atentado contra la familia, fundado en las pasiones de los cónyuges.

Perdone, señora Colombine, esta molestia y reciba el respeto de s. s. q. b. 1 p.,

ANTONIO JIMENO CARIDAD.

151

Ayer y hoy
¿Nos divorciamos?

Colombine ha desenterrado en el *Diario Universal* una vieja cuestión que siempre resulta nueva en España. ¿Admitimos o no admitimos el divorcio? ¿Es o no es conveniente? ¿Debe aceptarlo nuestra legislación o debe cerrarle para siempre las puertas? He ahí el punto a debatir; he ahí el problema que disfruta del privilegio de aparecer, en pleno siglo xx, después de debatido hasta la saciedad, con las galas del más cabal remozamiento. Por lo mismo que padecemos achaques de amnesia, tiene que revestir para nosotros caracteres de novedad todo lo viejo retraído de luengos años. El retorno del miriñaque, posible es que nos hiciera exclamar a estas alturas: —¿Ha visto usted qué cosas se inventan? Así hoy, una respetable casada, periódico en mano, ha tenido a bien hacerme observar: —Eso que le ha ocurrido a Colombine es una gran cosa. —Mientras una tierna doncellica, que va camino de los dichos, clamaba de mal humor: —¡Vaya unos absurdos que se fraguan ahora! —Explicaciones que, naturalmente, responden al estado presente o futuro de las interesadas y a la situación infeliz o próspera de sus respectivas existencias. Manifestarán su mayor o menor ingenio y los toques más habilidosos de amena argumentación, ora los que con San Pablo preconicen el indisoluble lazo, nudo gordiano de la vida, ora los indiferentes o antojadizos que con León Tolstoi entiendan el matrimonio como una simple «ocupación de monos». Y así se habrá resuelto la cuestión... la cuestión de pasar el rato, que como dijo el otro, es el eterno y casi único problema de los españoles. Para avivarlo, no hay como volver a las cosas viejas olvidadas. Colombine lo sabe bien: en eso consiste su piedra de toque.

—

¡Que si es viejo! La memoria me ha traído como por la mano el recuerdo de Cabarrús,[104] aquel buen conde, que con su predecesor Macanaz y su compinche Jovellanos se crio a los pechos de los enciclopedistas franceses; aquel buen conde, menos conocido de lo que debiera... tal vez porque su efigie se ha reservado para los billetes del Banco, menos accesibles a la generalidad; aquel buen conde, que fue aquí de los primeros, por el tiempo y por los bríos empleados, en defender el divorcio como regulador social. Oigámosle cómo se expresa en sus observaciones al proyecto de ley agraria. No parece sino que, presintiendo la futura existencia de Colombine, quiso dejar en sus famosas cartas una respuesta más al presente plebiscito, tal y tan sustanciosa como la que sigue:

«Un matrimonio proporcionado, dichoso y puro es un fenómeno en las clases acomodadas, y parece reconcentrado en aquellas chozas inaccesibles a las seducciones del oro, de la credulidad y al contagio de nuestras guarniciones. Por lo demás, el adulterio reina impunemente por todas partes; cuando no el vicio y la prostitución, las

---

104. Francisco Cabarrús Lalanne founded the Banco de San Carlos, precursor to the Bank of Spain.

separaciones o la discordia de los matrimonios son los males que los acompañan. Toda esta relajación preciso efecto de la indisolubilidad del matrimonio, deja de ser cierta cuando tratamos de legislación; lo que cada uno observa, dice, repite en las conversaciones públicas y particulares, se desmiente intrépidamente luego que se trata de aconsejar al Gobierno; en una palabra, la ruina de las costumbres no nos merece más atención que declamaciones inútiles y privadas; pero el divorcio nos asusta.

»Sin embargo, pido a todo hombre sincero que me responda si está bastante seguro de sí para prometerse querer siempre a la misma mujer y no querer otra; si no siente dentro de su corazón que el medio menos contingente de fijar su amor sobre un objeto está en el recelo de perderlo; si, dado caso que este freno no le contenga, no interesan más su bienestar y la moral pública en que no esclavice la mujer a quien ya no ama y se case con aquella que le promete más felicidad; si el cuidado de la madre para los primeros hijos no se puede reparar con más felicidad que los funestos ejemplos de un matrimonio mal unido. En fin, le suplico que, cotejando inconvenientes, pues esta es toda la perfección humana, decida en dónde los encuentra mayores: ¿en el divorcio, o en el estado actual de nuestras costumbres?

»El divorcio las restauraría, dando un nuevo aliciente a las almas, bastante dichosas para reconocer el fastidio de una unión indisoluble, y en nada alteraría los buenos matrimonios; impediría la desgracia de muchos, que sólo dejan de ser dichosos porque las pasiones fuertes necesitan de la continua agitación de la esperanza y del miedo; en fin, remediaría los malos matrimonios, evitando los excesos y lamentables consecuencias que producen.

»¿Y sería posible que nuestra religión contradijese estas demostraciones de la moral y de la razón? Abro el Código de ella, y hallo en la boca de su divino Autor, cabalmente, un texto que desmienten los teólogos. Jesucristo permite expresamente el divorcio por causa de adulterio. La Historia me atestigua la tolerancia y la autorización del divorcio durante los primeros siglos de la Iglesia. El argumento de ser el matrimonio un Sacramento, me parece tan débil como los demás, pues nada impide que este Sacramento se repita siempre que se verifique un matrimonio, como sucede en las segundas bodas, ya con motivo de muerte o de impotencia, u otras causas reputadas por justas.

»En fin, militando a favor del divorcio la moral, el interés de la humanidad, la autoridad del Fundador de nuestra religión, la historia, la razón, sólo veo levantarse en contra no sé qué comentadores absurdos y discordes, y la estúpida costumbre; sin embargo, vuestra merced sabe que cuatro años antes que la Francia hubiese destruido este funesto error me había atrevido a denunciarlo aquí en mi escrito periódico: tal es la repugnancia que siempre me ha causado.»

Así hablaba el conde en los últimos días de Carlos III.

—

¡Sombra de Cabarrús, yo te saludo! Repara, desde donde te encuentres (así sea en la santa gloria), cómo rebasaste la línea de tu tiempo; cómo siguen aún debatiendo sobre el divorcio, inaccesible como entonces a la española legislación, múltiples plumas, siquiera sean hoy más de desocupados que de estadistas. Y no te des mal rato por nosotros, que si nada diere de sí el plebiscito en cuanto a la práctica, muy triunfantes andan aún por la tierra la hipocresía y el disimulo. Si hay dramas conyugales, sucédense los más ocultamente tras las cortinas de la vida privada, quitando la ignorancia ocasión a nuestro escándalo. Y sabe, por cima de esto, que no se suspira por el divorcio en cien doradas mansiones donde al mostrároslas por vez primera os dirá la dueña indiferente: —Mis habitaciones. Las de mi esposo. Y de aquéllas a estotras median dos kilómetros de pasillos…

¿Acaso no es éste, de hecho, un divorcio moral?

FRANCISCO AZNAR NAVARRO.

Señora Colombine:

Muy señora mía: Sé sentir, no expresar. Dudo, como es natural, publique usted mi opinión, más valiente que la de la señora de P., porque valor se necesita para arrostrar el dictado de hipócritas con que desde luego nos bautizan algunas partidarias del divorcio, que porque son desgraciadas, creen que serían más felices dejando de ser cristianas. Se equivocan: la desgracia acompaña a los nacidos a donde quiera que vayan.

La cristiana católica no tendrá ni otro amor ni otra ley que la que le permitan sus creencias; si se equivoca en la elección de compañero se consolará con sus hijos, si los tiene, y si no los tiene, con la satisfacción del deber cumplido, y dejará que el vulgo la juzgue como quiera; su conciencia, limpia de toda mancha, la dará valor para esperar con calma la muerte.

Sabido es que antes de Cristo existía el divorcio, y, sin embargo, en los *Viajes de Antenor, por Grecia y Asia*, leo lo siguiente: «Los más de los maridos no piensan en más que en tener hijos de sus mujeres para que perpetúen su nombre: sólo se unen con ellas para que cuiden del gobierno interior de su casa, y reservan sus atenciones y corteses afanes para las mancebas que mantienen.»

¿No sucede algo de eso ahora? Nosotras podemos hacer mucho por las generaciones venideras. Eduquemos bien a nuestros hijos enseñándoles a ser altruistas. Donde no haya egoístas no habrá hipócritas ni materialistas, que, con distintas manifestaciones, son la misma persona.

Suya afectísima,

VENTURA QUINTANA.

Señora Colombine:

Declaro con franqueza que me encanta la idea del divorcio. En España, donde el hombre es malo, como en todas partes, y la mujer tiene menos libertad que en ninguna otra nación civilizada, si el matrimonio pudiera deshacerse, nosotras seríamos indudablemente más felices; pues ante el temor de perdernos, los hombres comprenderían que lo que vale una mujer honrada y cariñosa merece el sacrificio de sus desdenes y de sus traiciones.

Además, la mujer, especialmente en la clase media, es esclava de un deber mal entendido, y la amistad más pura y más sincera es a menudo censurada por la misma sociedad que disculpa en el hombre los más intolerables desclices...

Creo que el divorcio caería como rocío bienhechor en muchos hogares, donde la mujer vive a veces en continuo martirio.

ROSA TORRE.

Señora Colombine:

Muy señora mía y de toda mi consideración: Cuando inició usted el pleito del divorcio, supuse desde luego era partidaria de él; pero siempre creí trataría de pulsar la opinión imparcialmente esperando las diversas opiniones voluntarias, y consultando después a hombres que representaran las ideas político-religioso-sociales de España, empezando por Pablo Iglesias y pasando por Salmerón, Canalejas, Montero Ríos, Moret, Romero Robledo, Silvela, Maura, Pidal, Nocedal y Mella. No debe haber sido así cuando no han aparecido sus opiniones, y como ninguno de ellos ha de ser descortés con una señora, supongo no han sido consultados. En cambio, he visto la opinión de Estévanez, Dicenta, etc., por usted pedida y desde luego favorable. La razón de esto podría encontrarse en el deseo de allegar muchas opiniones en apoyo de la idea, para poder emprender, basado en ellas, una campaña en favor del divorcio. Empresa, a mi modo de ver, innecesaria, habiendo como hay en nuestra desdichada España legalmente establecido el matrimonio civil, el cual puede disolverse con alguna facilidad, o si aún éste ofreciera dificultades, pudiera ser aceptado el matrimonio masónico por usted tan bien descrito e ilustrado con monos por el *Diario.*

Pero no se trata de eso; se quiere, sí, matrimonio canónico disoluble, para llenar los convencionalismos sociales; algo así como una hoja de parra con que cubrir las desnudeces del espíritu y de la carne. Vana tarea; son pocos los descontentos, y aunque fueran muchos machacarían en hierro frío, porque las instituciones divinas no se conmueven, ni cambian sus leyes y procedimientos con los humanos por campañas periodísticas más o menos embozadas, francas o violentas.

De usted atento seguro servidor,

ÁNGEL M.ª ACEVEDO.

159

Señora Colombine:

La separación legal de los cónyuges por disolución del vínculo *quod ad vinculum*,[105] estimo que sería cuestión altamente trascendental, pues siendo la familia a manera de piedra angular de la sociedad, provocaría dicha disolución nuevos problemas en el terreno ético-jurídico, como ocurrió en Roma al fin de la República y en los primeros tiempos del Imperio, donde el divorcio llegó a ser tan frecuente que acabó en el desenfreno, siendo necesario, para contener aquel desquiciamiento, establecer nuevas leyes tan duras como las caducarias que prohibían a la manumitida, casada con su patrono, divorciarse contra la voluntad de su marido.

Soy de usted atento y s. s. q. l. b. l. p.,

ÁNGEL LÓPEZ APARICIO.

Soy partidario del divorcio; es más, si el hombre es libre, ¿por qué la mujer no ha de serlo? Y siendo los dos libres, ¿por qué no el amor libre?

Dirá alguno que el amor libre no formaría hogar; pero en este caso, ¿qué temer por los hijos? Con dárselos a Maura para que los críe y gobierne, ya estaban arreglados.

---

105. *Divortium quo ad vinculum* is the Catholic Church's characterization of divorce; see also note 47.

Si cree digna esta opinión franca, publíquela, por lo que le da las gracias anticipadas. De usted atento amigo seguro servidor q. b. s. p.,

BONIFACIO DE ANDRÉS.

Las leyes civiles de casi todos los pueblos de la tierra, considerando el matrimonio como un simple contrato bilateral, han consignado en sus Códigos el derecho al divorcio por diferentes causas y en todas sus consecuencias, y hoy disfrutan de él las naciones más civilizadas, cristianas y algunas católicas.

H. ALCAIDE.

Los primeros días de matrimonio se pasan felices, mas como aquel vínculo fue contraído a la fuerza, en determinado espacio de tiempo, aquella pareja que debiera disfrutar de completa felicidad, puesto que para ello se unen y juran amor eterno, al trocarse éste en frialdad, abandono, agravios, y, por último, en odio, necesitan una compensación, una función de desagravios, y ésta, a mi juicio, es «El Divorcio», que evitaría hacer tan mal papel en la sociedad, como hoy padecen innumerables parejas amorosas en tiempo pasado, que fue el mejor, según el poeta.

Suyo afectísimo y admirador q. s. p b.,

TOMÁS VILLAR Y GUERRA.

Señora Colombine.

Muy señora mía: Entiendo que la admisión del divorcio en nuestras costumbres sería bien acogida por la mayoría.

Creo que en algunos casos es hipocresía invocar nuestra religión como principal arma en contra, puesto que también prohíbe a los casados faltar a la debida fidelidad, a pesar de lo cual, continuamente sabemos de muchos que, no encontrando en sus hogares la soñada dicha, con más o menos razón, buscan fuera de ellos consuelo a sus disgustos, con grave perjuicio, en ocasiones, del porvenir de sus familias.

¿No sería más moral que pudieran romper sus cadenas aquellos que las encuentran demasiado pesadas, creándose legalmente lazos más suaves?

Los que por consecuencia del divorcio se encontraran libres y sus convicciones religiosas les impidieran contraer nuevas nupcias, podrían permanecer del mismo modo, como ahora hacen muchos viudos y viudas, que por diferentes razones no quieren volver a casarse.

FE ALÍS.

Señora Colombine:

¿Debe o no deben admitir el divorcio las leyes? Esta es la cuestión, tal y como se presenta actualmente. Y yo creo que antes debe irse al estudio del motivo, del por qué se desea por muchos la sanción legal del divorcio. La causa es el gran número de matrimonios mal avenidos que existe en el momento presente. ¿Por qué existe? He ahí la clave, he ahí el *quid* del problema.

Oigamos a Max Nordau[106]: «El matrimonio se ha convertido en una componenda material, en que queda para el amor tan poco sitio como en el contrato de dos capitalistas que emprenden juntos un negocio.

El matrimonio sigue teniendo por pretexto la conservación de la especie; supone, en teoría, la atracción recíproca de dos individuos de diverso sexo; pero de hecho, el matrimonio no se hace atendiendo a la futura generación, sino sólo al interés personal de los individuos que se casan. El matrimonio moderno, sobre todo en las llamadas clases superiores, carece de toda consagración moral, y, por consiguiente, de toda razón, de ser antropológica. El matrimonio debiera ser la sanción de la solidaridad, y es la sanción del egoísmo.»

Es decir, que desapareció en el matrimonio moderno lo único que a él puede llevar lógicamente: el amor, ese instinto de conservación de la especie, transmitido de generación en generación, ese cariño inmenso, que es el único que disculpa las faltas y perdona y sufre y hace a los hombres y a las mujeres resignados.

«Hoy la gente se casa —añade más adelante el notable escritor— para crearse una nueva situación de fortuna,

---

106. Max Nordau was an early Zionist. See *The Conventional Lies of Our Civilization*, Laird and Lee, 1886, p. 274.

para asegurarse un hogar más agradable, para poder adquirir y sostener una categoría social, para satisfacer una vanidad, para gozar de los privilegios y libertades que la sociedad rehúsa a las solteras y concede a las casadas.»

¿Y es nada de esto el amor? ¿Cuál es el origen de esta degradación de afectos? La sociedad misma con sus absurdos convencionalismos y sus necesidades espantosas, mayores cada día.

El egoísmo triunfante; la negación de todo auxilio a los necesitados y a los caídos.

¿Qué hace esa sociedad por ayudar a las mujeres desamparadas?

Suponed una mujer pobre, que no se casa; ¿de qué vive? ¿Dónde gana el pan? El oficio, el trabajo. Pero ¿pueden vivir todas trabajando en tan corto número de oficios como es a los que se pueden dedicar? ¿Dónde están esos talleres y esas ocupaciones tan extensas? No; la mujer es desgraciada desde que nace en la actual sociedad. La libertad no existe para ella; su vida es de esclavitud; y si no llega a hacer un matrimonio, al menos regular, probablemente caerá en el seno del vicio y del lupanar. Será una víctima más del egoísmo de los hombres.

Tiene, pues, que desaparecer el egoísmo; tiene que dominar el amor en las relaciones de los dos sexos. «El hombre que al casarse —escribe Schopenhauer— se preocupa más del dinero que de su inclinación, vive más para el individuo que para la especie; lo cual es en absoluto opuesto a la verdad, a la naturaleza, y merece cierto menosprecio. Una joven soltera que, a pesar de los consejos de sus padres, rehúsa la mano de un hombre rico y joven aún, y rechaza todas las consideraciones de conveniencia para elegir según su gusto instintivo, hace en aras de la especie el sacrificio de su felicidad individual. Pero precisamente a causa de eso, no puede negársele cierta aprobación, porque ha preferido lo que más importa y obra según el sentir de la naturaleza (o de la especie, hablando con más exactitud), al paso que los padres la aconsejaban en el sentir del egoísmo individual.»[107]

Y entonces, cuando se obre siempre según nobles pensamientos e instintos naturales, alejados de torpes deseos y perniciosos móviles, habrá llegado el momento de saber si es tan mala la institución matrimonial como algunos la pintan. Hoy sí; hoy tienen que resultar muy duro el yugo y muy grandes los deberes y muchos los sinsabores. Pero es porque esta sociedad tiene la culpa ella misma de su desgracia.

Dejad libres los corazones; no los aprisionéis por motivos baladíes e infundados. Vale más, mucho más, crear ciudadanos robustos y sanos, que seres entecos y decadentes, aunque posean títulos nobiliarios. Las razas no se salvan con escudos, sino con brazos. La tierra no se labra sino vertiendo sobre ella el sudor que fecundiza.

E. LA-GASCA.

107. Arthur Schopenhauer. See his "Metaphysics of Love" in *Essays of Schopenhauer*, translated by Rudolf Dircks, Walter Scott, 1890; *Project Gutenberg*, 2020, www.gutenberg.org.

Señora Colombine:

Muy señora mía: Ante todo debo de manifestar que soy enemigo irreconciliable del matrimonio, y por lo tanto del divorcio. El divorcio significa la recuperación de la libertad, perdida al contraer el matrimonio, y como real y verdaderamente al unirnos en el lazo del matrimonio la libertad no se pierde, pese a los Códigos y a las disposiciones canónicas, de ahí que sea enemigo del divorcio, que viene a significar la legalización del matrimonio.

Perdone la molestia que le ocasione y queda de usted admirador y servidor q. l. b. l. p.,

LORENTE DE SANRUPERTO.

Señora Colombine:

Soy de opinión del divorcio, es decir, de la libertad individual de cada uno de los contrayentes, para que, disipado el error que cometieran, puedan corregirlo y vivir como tenemos derecho a vivir: en paz y tranquilidad.

SALUSTIANO GÓMEZ.

Señora Colombine:

Según se entienda el matrimonio, así se juzga al divorcio.

C. VELASCO.

Señora Colombine:

Claro está que el divorcio no se ha hecho para los matrimonios que viven felices, disfrutando la paz y goces de la familia. El divorcio se ha hecho para los matrimonios mal avenidos, para los esposos que no pueden sufrirse, que viven en un estado continuo de hostilidad. Para estos, no solamente creo es una verdadera justicia, sino una necesidad imperiosa, a fin de evitar males mayores, la aplicación del divorcio; pues no hemos de creer a nadie tan malo que niegue a la criatura que sufre y padece un remedio con que salvarse, de la misma manera que se dan al enfermo las medicinas para su curación. El divorcio es un remedio para un mal extremo.

ALBERTO CASTRO GIRONA.

Señora Colombine:

Si el matrimonio es en virtud de una ley natural, el divorcio es en virtud de otra ley también natural, y si la humanidad se niega a imponerle sus leyes, él subsistirá imponiéndole las suyas a pesar de todo. La ley del divorcio no es ninguna novedad del día. La ley Mosaica sobre el repudio, es una ley tosca, pero una ley de divorcio. Luego lo que conviene es procurar márgenes a esa circunstancia y encauzarla para que sus consecuencias sean todo lo menos dolorosas posible, que no obstante siempre lo han de ser; pero siempre habrá aquello de: *del mal, el menos.*

ALEJANDRA BARBERÁ E ISLA.

Porque el divorcio esté implantado en varias naciones extranjeras, no es una razón para que se establezca en España, pues tenemos que salirnos de la costumbre de que *el sello extranjero acredita las marcas.*
Continúe la mujer española siendo como hasta ahora ha sido, y con justicia, *la heroína del amor*, y al mismo tiempo aconsejo a las madres que, para evitar las desavenencias matrimoniales, den una especial educación a sus hijas, a fin de que éstas, saliéndose de lo general hoy día, se presenten a sus pretendientes tal y como ellas son, a fin de que nunca se pueda decir que la mujer es una de novia y otra de esposa.

ANTONIO VÁZQUEZ DE LA TORRE.

Debía en absoluto prohibirse que en nuestro sexo se llevara a efecto el matrimonio antes de los veintitrés años; pues la que ha sido educada con retraimiento, es una niña sin experiencia casi antes de esa edad; así que, cuando se verifica a los diez y siete o diez y ocho años, se suelen tocar luego las consecuencias de ello y se hace a una mujer desgraciada.

Repito que me asocio con entusiasmo a la idea del divorcio.

Suya afectísima segura servidora,

ANDREA GÓMEZ.

Con las actuales costumbres el divorcio se impone, pero nada ganaremos.

Cuando un hombre repudia con justicia a su esposa, la sociedad aplaude; cuando una esposa, cansada de sufrir en silencio infidelidades que arrastran a su esposo a ultrajarla y en ocasiones hasta calumniarla; cuando se ve maltratada de palabra y obra y se queja, la sociedad la censura. ¡Cuántas desdichadas mueren de dolor en un rincón, por no ser tratadas de víctimas culpadas! Mientras se ensalce a las cortesanas, con divorcio y sin él, la mujer honrada será desgraciada si, falta de experiencia, elige para compañero de su vida a un hombre que no sepa ni comprenderla ni estimarla.

Suya afectísima,

LEONOR FERRER.
Reus, 11 de Febrero de 1904.

Señora Colombine:

Francia lleva más de veinte años de ensayo. Tal vez veinte años no sean tiempo suficiente para que puedan percibirse las ventajas que ha obtenido en orden a normalizar el estado moral de la familia; pero si no sus ventajas, sus inconvenientes bien claramente los está manifestando hace tiempo.

MIGUEL SÁNCHEZ.
Salamanca, Febrero, 1904.

Si sólo se trata de satisfacer a los que no siendo felices en su matrimonio encontrasen en su camino, él otra mujer, ella otro hombre, que les dieran la felicidad legalizada por la institución del divorcio, entonces nada más hermoso ni más moralizador.

ANA MATESANZ.
Zaragoza.

Señora Colombine:

No dudando que en su ánimo reside una de esas ideas, la más grandiosa, que es la del progreso en consonancia con la civilización de los países que marchan a la vanguardia del mundo ilustrado, me permito exponer mi modesta opinión sobre lo útil y beneficiosa que es la implantación en España de la ley del divorcio, como lo está en Francia y otros muchos países.

Considero a esa ley la de la *igualdad* y la más justa de todas las que se han implantado desde el principio del mundo, por ser la redentora del bien sobre la mayor parte de los grandes males que corroen nuestra sociedad hoy.

GUMERSINDO ROMERO.

Señora Colombine:

Dejémonos de infundadas y ridículas preocupaciones rutinarias, y abriendo paso a la razón y al sentido común, pidamos que se instituya pronto la ley del divorcio que tan necesaria es, como inútiles son otras vigentes en España.

Queda suyo afectísimo s. s. q. b. s. p.,

EUSTAQUIO MARTÍN.

Señora Colombine:

No creo que nunca se plantee el divorcio en España, a lo menos no creo que nosotros lo veamos: la mujer profundamente religiosa nunca lo pedirá, y los hombres que no les importan faltas más o menos, van muy bien en el machito, para pedir innovaciones.

Es de usted s. s. q. l. b s. m.,

CARMEN DOMÍNGUEZ.

Señora Colombine:

Soy partidaria del divorcio; pero no como está establecido en Norte-América y Francia, sino como está o estaba en Rusia; es decir, con derecho a volverse a casar en vida del primer cónyuge, solamente al inocente. Justo es que el culpable tenga este castigo y así nadie faltará por casarse con otra u otro.

MARIUCHA.

El divorcio no subsiste, ni puede subsistir, cuando el vínculo es lo que debe ser.

DE SANTA BÁRBARA.

Muchos han visto en los hijos un óbice para la implantación del divorcio, diciendo que en los casos en que se llevara a efecto, la situación de la prole sería por extremo anómala, y además que su educación moral se resentiría grandemente con el pernicioso ejemplo dado por sus padres. Ambas cosas son ciertas e indudables; pero, ¿es, por ventura, menos anormal la situación de los vástagos que quizá tenga alguno de los cónyuges después de su *amigable* separación, hoy muy frecuente, y dé la unión, también *amigable*, con otra persona? ¿Es acaso menos pernicioso el ejemplo que los matrimonios *mal avenidos* dan a sus hijos, entablando continuas reyertas y viviendo en un perpetuo escándalo?

No; ni ésta ni ninguna otra razón justifican la enemiga de algunos elementos a la inmediata implantación del divorcio, que es, en los tiempos que corren, una verdadera necesidad. Ahora bien; es de esperar que la humanidad adelante de modo tan notable en el camino de su perfeccionamiento, que llegue un día en que el divorcio sea innecesario porque todos los hombres sepan ejercer sus derechos y cumplir sus deberes, sin ofensa ni menoscabo de los demás, y entonces será cuando resulte evidente el texto bíblico *erunt dus in carne una*,[108] porque, en efecto, marido y mujer sabrán conducirse de tal modo que vengan a constituir un solo ser, con las mismas aspiraciones, con idénticos deseos, con iguales ideas y sentimientos...

ENRIQUE DE CÁRDENAS Y MOYA,
Licenciado en Derecho.

La mujer, al divorciarse, además de quedar ridiculizada, pierde mucho en su honor, pues raro es el que echa la culpa de la separación al hombre, fundándose en que la mujer, y no les falta razón, tiene, o debe tener, el deber de resignarse y sufrir las genialidades de su esposo, y atraerle,

---

108. "The two shall become one flesh"; Mark 10.8. See *The Bible*, New American Standard Bible, Lockman, 2020; *Bible Gateway*, www.biblegateway.com.

con medios que a la mujer virtuosa siempre sobran, a la senda del honor y al cumplimiento de los compromisos que el día de sus bodas contrajo y juró cumplir al pie de los altares.

A. DE MIRABAL.

Señora Colombine:

Con las leyes del matrimonio ocurre lo que con otras leyes sociales. ¿Habrá algún malhechor que deje de renegar contra el Código penal? Pues esto mismo sucede con los mal casados. ¿Habrá alguno de éstos que no trine con el lazo indisoluble del matrimonio? Esto es natural en unos y otros. Y por eso, señora Colombine, ¿hemos de decir y convenir todos en que tales leyes son perjudiciales a la sociedad? De ninguna de las maneras, tanto por estar basadas no solamente en los más sanos principios sociales y derechos civiles para el buen régimen y gobierno de las naciones civilizadas, si que también en los divinos preceptos del Decálogo, sin cuya observancia no hay sociedad ni familia posible, vínculo el más sagrado instituido por el mismo Jesucristo en la tierra, de donde arranca todo sentimiento de unión y humanitario.

F. LUGO.

Señora Colombine:

El divorcio es contrario a las leyes psicológicas. El alma, como esencia, rechaza, aun en el pensar de los que lo desean, este absurdo antisacramento.

Como dependiente de la razón, es contraria a tal forma de adelanto. ¿Es moral? Creo que no, al menos considerada la moral como acción directriz de las buenas costumbres y acciones lícitas. La *Ética*, luego, condena el divorcio.

GONZALO ARNAZ.

RECAPITULACIÓN

Del examen de este plebiscito resulta una considerable mayoría partidaria del establecimiento del divorcio. Además de lo publicado, hay 1.462 votos de lectores favorables al divorcio, y sólo 320 en contra.

Asimismo se observa que los hombres de ideas avanzadas fueron los que con más ardor acudieron a exponer sus opiniones en pro del divorcio, mientras que los que gozan fama de fervientes católicos se abstuvieron de dar la suya.

Los defensores del matrimonio indisoluble, fueron pocos y tibios los argumentos basados en *la ciega fe que no discute.**

El divorcio puede considerarse desde tres diferentes aspectos: religioso, moral y político.

Desde el primero, la concepción del matrimonio varía según el credo en que se comulga. Descartada la fábula paradisiaca, a la que se remontó Alejandro Dumas cuando escribió *La cuestión del divorcio*, y viniendo a épocas más modernas, se ve que en los primeros tiempos del cristianismo las opiniones de los Santos Padres eran muy dife-

---

* A excepción del Sr. Balsalobre, que en honor a la justicia debemos consignar que buscaba la discusión.

176

rentes, pues mientras San Epifanio y San Ambrosio lo admiten, San Agustín lo rechaza.

Cuando la separación de las Iglesias de Oriente y Occidente, la Iglesia griega se declara partidaria del divorcio, y todavía hoy sus dogmas lo reconocen y lo admiten.

La Iglesia romana niega el divorcio; pero algunos de sus cánones, sin aprobarlo, transigen hasta cierto punto con su uso.

El canon tercero del Concilio celebrado en Eliberi el siglo IV, no condena a la mujer casada que contrae segundas nupcias, sino cuando *sin causa precedente* deja a su primer marido y toma otro. El canon noveno no priva de comunión a la mujer que deja a su marido por adúltero y se vuelve a casar, sino *mientras viva el primer marido*. Y entre tanto, ninguna pena impone al marido que, divorciado de su primera mujer, contrae segundas nupcias.

En todas las épocas se permite el divorcio a los poderosos y se multiplican las causas de nulidad para concederlo, dejando incólume el dogma.

Con efecto; la nulidad supone vicio antes de efectuarse la unión, y esta se considera como no llevada a cabo, mientras que el divorcio es la ruptura del matrimonio.

Todos los dogmas religiosos permiten también la separación, que se diferencia del divorcio en que impide un nuevo casamiento, considerándose que subsisten los efectos espirituales de la unión.

La Reforma adopta el divorcio que hoy está consagrado por las leyes en todos los países protestantes.

En cambio, los católicos no pueden ni discutir un asunto que se considera de dogma y de fe.

Así, pues, la Iglesia católica podrá consentir y consiente la separación y admite la nulidad, pero no el divorcio.

El asunto queda reducido a una cuestión de conciencia: si las leyes permiten el divorcio el creyente no acudirá nunca a él, y tendrá ocasión de merecer doblemente por la sumisión voluntaria.

Desde el punto de vista de la moral, el divorcio tiene grandes ventajas.

Hay quien ha hablado del amor, como argumento en contra del divorcio. Los esposos que se amen no se separarán nunca, permítanlo o no las leyes; eso es indudable.

¿Que si después de haberse amado pueden aborrecerse? Esa es una cuestión en la que entran igualmente la psicología y la fisiología; y la experiencia demuestra que el caso sucede con harta frecuencia.

Cuando esto se verifica, la ley natural falla la causa; los cuerpos no deben estar unidos si los espíritus se repelen.

Divorciados moralmente los esposos, no están lejos las traiciones, el odio, el engaño y hasta el crimen... Es horrible el hogar de dos seres que se aborrecen y que saben que sólo la muerte puede separarlos.

En estas condiciones es absurdo condenar el adulterio. Cuando teniendo facultad de separarse y de formar un hogar nuevo los esposos se engañan, la pena debe ser severísima; pero mientras las leyes les obliguen a vivir juntos, la traición es una consecuencia lógica; no todos los seres humanos tienen bastante voluntad para ser héroes o mártires.

Desde el punto de vista político, se hacen serias objeciones:

«Si se ofrece a los esposos —dicen —la posibilidad de la disolución del matrimonio y de formar otro nuevo, habrá un verdadero desorden en las familias y se estará expuesto a la tiranía y a los caprichos.»

«La suerte de los hijos es horrible» —añaden otros.

Para estos casos están las leyes que permiten el divorcio; pero que protegen al cónyuge inocente, reglamentan el matrimonio y evitan los abusos.

Con divorcio o sin él, el abuso ha existido siempre. Entre los pueblos primitivos y entre los judíos, griegos y romanos, existía el repudio; el hombre, el señor, el fuerte, desechaba o esclavizaba a la mujer.

En todo tiempo el fuerte tiraniza al débil cuando deja de amarlo, y es moral permitir la separación que pone término al martirio.

El repudio disminuyó cuando cada mujer repudiada era una carga para el marido; y digo mujer, porque sólo el hombre tenía el derecho de repudio.

Las leyes han de garantir también la suerte de los hijos, y su educación sufrirá menos en un hogar tranquilo, al lado del padre o de la madre inocente, que entre el continuo batallar del odio y las ofensas.

Por otra parte, hoy se concede la separación, y para los hijos, sus efectos son los mismos que los del divorcio.

No hay más diferencia que, con la separación, suele entrar el adulterio en los hogares, y con el divorcio podrá volver el calor y la dicha de un amor legitimado ante la sociedad.

Los países de religión ortodoxa han admitido, desde hace mucho tiempo, el divorcio; Rusia, Rumanía, Serbia y Bulgaria, lo han inscrito en sus leyes, sometiéndolo a condiciones muy rigurosas.

En Inglaterra, fue introducido por el Ministerio Palmerston en 1859, y se pronuncia con bastante facilidad si las ofensas son infcridas por un sólo esposo, en tanto que si son recíprocas, se les obliga a continuar la vida en común.

La ley alemana suprime la separación perpetua de cuerpos y admite el divorcio. Los Estados Unidos conceden los divorcios con una facilidad que se acerca al *amor libre*, y en la América latina existe, en casi todas las repúblicas, con más o menos amplitud.

En Suiza, desde 1875, existe el divorcio en la legislación de todos los cantones; los cantones italianos de Tessín y Valais, no lo habían aceptado hasta entonces.

Francia estableció el divorcio en 1884, y fue completado en la ley de 18 de Abril de 1886, concediéndose con facilidad por consentimiento mutuo.

En Austria, las nacionalidades y las religiones están divididas, y se distinguen entre católicos y protestantes; a los primeros, la ley sólo concede la separación de cuerpos, y a los otros el divorcio, con restricciones para los israelitas.

Holanda tiene una sabia ley sobre el divorcio: éste se pronuncia a los cinco años de la separación de cuerpos, no seguida de reconciliación.

Sólo Italia, Portugal y España, no tienen establecido el divorcio, aunque consienten el matrimonio civil.

El hecho de que se empiece a discutir entre nosotros la conveniencia del divorcio *como una idea nueva*, demuestra un lamentable atraso.

Conclusiones

El divorcio es un signo de progreso y está admitido en la mayoría de los países.

El divorcio es conveniente a la sociedad y a la moral.

Hay religiones que aceptan o que rechazan el divorcio y esto sólo depende de la conciencia del individuo, sin que interese al legislador.

De nuestro plebiscito resulta que la opinión en España es favorable al divorcio, y es indudable que se establecerá entre nosotros como conquista de la civilización.

COLOMBINE.

Notas

1.ª La falta de espacio nos ha hecho publicar sólo los fragmentos más notables de algunas cartas, impidiéndonos insertar la notable tragicomedia de D. José María Maclas.

2.ª El haber llegado demasiado tarde nos impide también publicar la opinión pedida a D. Miguel Cid Rey, que haciendo un estudio muy razonado del divorcio como contrato y como Sacramento, y demostrando sus alcances, se manifiesta completamente opuesto a él.

3.ª Tenemos además 1.782 opiniones, que clasificamos cuidadosamente para el resultado final del plebiscito, y que no se han publicado por no llenar las condiciones exigidas.

About the Editors

Rebecca M. Bender is associate professor of Spanish at Kansas State University, where she teaches undergraduate and graduate courses on Spanish literature and culture. Her current book project, "Pregnant Minds and Literary Bodies: Motherhood and Feminism in Spanish Women's Narratives, 1910–39," focuses on Spanish women's engagement with motherhood and feminism in fiction. Bender's various articles on early-twentieth-century Spanish literature and visual culture examine themes such as the female body, the avant-garde's fusion of fashion and fine art, and the narrative mapping of urban spaces; she has published four articles on Carmen de Burgos. Her most recent publications center on L2 literature pedagogy and the digital humanities as well as Spanish feminism in rural communities.

Slava Faybysh was born in Ukraine and immigrated to the United States as a child. He translates from Spanish and Russian. His co-translation (with Ellen Vayner) of Ainur Karim's play *Chins Up! Shoulders Back!* won the 2022 Plays in Translation Contest, sponsored by the American Literary Translators Association. His book-length translations include the Spanish anarchist Leopoldo Bonafulla's memoir, *The July Revolution: Barcelona 1909*, published in 2021, and Elsa Drucaroff's thriller set in 1970s Argentina, *Rodolfo Walsh's Last Case*, published in 2024. His translation of Carmen de Burgos's novelette "The Russian Princess" was published in 2023 in *Virginia's Sisters*, an anthology of women's writing from the interwar period. Other short translations of his have been published in journals such as *New England Review*, the *Southern Review*, and *The Common*.